社区可持续发展教育
上海行动观察
❷

上海终身教育研究院◎编著

光明日报出版社

图书在版编目（CIP）数据

社区可持续发展教育：上海行动观察 . 2 / 上海终身教育研究院编著 . -- 北京：光明日报出版社，2024. 8. -- ISBN 978-7-5194-8202-2

Ⅰ. G779. 2

中国国家版本馆 CIP 数据核字第 2024SA3691 号

社区可持续发展教育：上海行动观察 . 2

SHEQU KE CHIXU FAZHAN JIAOYU：SHANGHAI XINGDONG GUANCHA. 2

编　　著：上海终身教育研究院			
责任编辑：陈永娟		责任校对：许　怡　温美静	
封面设计：中联华文		责任印制：曹　净	

出版发行：光明日报出版社

地　　址：北京市西城区永安路 106 号，100050

电　　话：010-63169890（咨询），010-63131930（邮购）

传　　真：010-63131930

网　　址：http://book.gmw.cn

E － mail：gmrbcbs@gmw.cn

法律顾问：北京市兰台律师事务所龚柳方律师

印　　刷：三河市华东印刷有限公司

装　　订：三河市华东印刷有限公司

本书如有破损、缺页、装订错误，请与本社联系调换，电话：010-63131930

开　　本：210mm×285mm

字　　数：295 千字　　　　　印　　张：16

版　　次：2024 年 8 月第 1 版　　印　　次：2024 年 8 月第 1 次印刷

书　　号：ISBN 978-7-5194-8202-2

定　　价：89.00 元

编委会

前 言

可持续发展是当下最为重要的人类社会宏观发展战略，也是我国1994年发布《中国21世纪议程》以来，长期大力倡导和践行的主流发展价值导向之一。这一点在党和国家领导人的重要讲话、国家经济社会五年发展规划、政府职能部门工作计划、中国参与国际社会的各种行动等方面都有充分体现。2023年，习近平主席在中国式现代化、共同富裕、高质量发展、乡村振兴、美丽中国、碳达峰碳中和、全球发展共同体等多个重大主题的活动中，不断重申坚持落实可持续发展的重要性，坚持结合国情来全面落实联合国2030年可持续发展议程，强调在解决好本国可持续发展问题的同时，为全球可持续发展提供中国经验。

可持续发展理念也是上海城市发展战略思想的重要构成，打造"生态之城"是上海面向2035的城市发展战略目标之一。目前，上海在城市水环境治理、垃圾分类、交通能源绿色转型、经济产业绿化、社会保障、应对气候变化等方面都有不少实践探索，这些变革性实践需要全体市民对可持续发展有充分的认识，并且能够在推动经济社会可持续发展和全面绿色转型过程中贡献自己的才智。

教育是推动可持续发展的重要力量。本案例集呈现的，正是上海在这方面的最新探索和鲜活实践。

2019年加入联合国教科文组织全球学习型城市网络以来，上海结合国际终身教育发展重点和城市经济社会发展热点，聚焦"可持续发展教育"专题，以社区教育为主阵地，开始了自我探寻与国际合作并行的社区可持续发展教育实践研究之路。以两年为一个周期，2022年，上海如期完成了《上海可持续发展教育社区行动计划（2020—2021）》，即第一轮行动计划的工作，并完成了第一本案例集《社区可持续发展教育：上海行动观察》的中英文出版。现在，上海终身教育工作者再次如期完成了《上海可持续发展教育社区行动计划（2022—2023）》，即第二轮行动计划的工作，继续以案例集的方式来呈现和分享这些经验发现和认识成果。可持续发展教育推进工作本身也正在以可持续发展的方式进行！

在开展这一项目过程中，我们委托华东师范大学上海终身教育研究院来全力推动。研究院不断健全工作机制，联合全市社区学院、街镇社区学校、普通高校、职业院校、中小学校等各级各类教育机构，形成灵活的实践和研究网络。坚持研究导向和实践驱动，以链接、生成的方式持续推动多个基层教育机构继续加入第二轮行动计划，现已顺利形成新的案例文集，希望能在更广泛的网络和更高层次的交流平台分享上海社区可持续发展教育的动态经验。

秉持上海社区可持续发展教育工作的基本要求，本案例集仍旧集中在社区健康、社区环境、社区和谐和职业能力四个优先行动领域。在社区健康领域，新案例呈现了本土中医教育教学模式的探索，也能看到如何应用新技术来提升老年健康教育的基层尝试。在社区环境领域，新案例展示了基层社区学校对市民水素养的持续关注，同时随着群众生活水平的提高，居民对参与周边社区环境美化建设的热情日益高涨，由此催生了新的终身学习需求，推动了类似"美丽庭院"等新的社区可持续发展教育项目的生成。尤其值得关注的是，随着国家"双碳"工作的推进，无论是社区学校还是中小学，"双碳"教育与行动落实成为基层教育机构开展可持续发展教育的热点。在社区和谐领域，无论是青少年还是成年人，参与成为推动可持续发展教育的重点，其目标指向不仅是个人素养，更多地聚焦于社区建设和乡村发展。在社区职业技能领域，出现了绿色人才培养、数字化转型背景下农民职业技能更新、国际大都市市民金融素养指导等新专题，基于落实国家关于地方帮扶政策而为千里之外的兄弟省市提供职业教育人才培养服务的案例，充分体现了坚持共同发展的中国式可持续发展特色理念。

　　作为一项国际性工作，面向2030年的可持续发展还有六年左右就要接受最终检验。但2023年召开的联合国可持续发展大会、气候变化峰会等已经向社会发出警示：全球可持续发展任务仍面临艰巨挑战，道阻且长。为此，我们更要在党和政府的领导下，坚持走好可持续发展道路，并在中国式现代化的背景下，找到并夯实好自己的特色之路，解决好自身的可持续发展问题，并通过国际交流与合作研究，主动分享本土可持续发展解决方案，为全球可持续发展做出贡献。

　　期待全市广大教育工作者、相关领域研究者、一线社区教育实践工作者认真学习国家和上海的可持续发展战略思想和实践动态，加强研究教育如何进一步服务好上海加快建成具有世界影响力的社会主义现代化国际大都市，推动可持续发展教育本土实践创新与自主知识体系建设，坚持理论与实践有效互动等系列关键问题。期待本案例集能成为上海与国内外同行就可持续发展教育、终身教育、学习型社会与学习型城市建设等重大议题进行交流与合作的又一重要载体。

　　最后，感谢参与本案例集的各单位、作者、编者和编辑们的辛勤工作！感谢光明日报出版社的大力支持！

本书编写组

2024年2月20日

目　录

1 导　言

可持续发展教育项目是上海市积极参与联合国教科文组织全球学习型城市网络，推动上海终身教育对外开放，参与国际教育治理和经验交流的重要内容。2019年由市教委领导代表在第四届全球学习型城市大会上正式加入，至今已连续四年担任可持续发展教育专题组的协调城市之一。2020年年初，上海市教委委托华东师范大学上海终身教育研究院在全市范围尤其是社区教育系统有步骤地推进；8月由市教委组织的启动会召开之后，上海终身教育研究院成立专门项目组，基于已有的研究，先后统筹制定了《上海可持续发展教育社区行动计划（2020—2021）》《上海可持续发展教育社区行动计划（2022—2023）》。四年多来，研究院联合全市社区教育、中小学、职业院校等机构代表，扎根上海本土实践，在把握国际和国内可持续发展基本理论和实践动态的基础上，持续推动本土可持续发展教育活动。

有关社区教育在可持续发展及可持续发展教育中的重要意义，上海参与可持续发展教育国际行动的最初背景，可持续发展教育的基本内涵以及第一轮行动计划的17个案例的基本情况，项目组已在第一轮工作成果案例集《社区可持续发展教育：上海行动观察》（中央编译出版社，2022）的导言中进行了充分说明。本案例集为第二轮工作的部分成果，以下将结合国内外可持续发展和可持续发展教育的新近变化，对相关情况予以简要说明。

一、国内经济社会全面绿色转型需要加快推进可持续发展教育

坚持经济社会的可持续发展是我国政府1994年以来就一以贯之的基本战略，当时根据可持续发展国际形势发展，国务院常务会议讨论通过《中国21世纪议程——中国21世纪人口、环境与发展白皮书》，旨在聚焦经济社会发展与人口、环境之间的协调发展问题。此后的30年间，可持续发展思想在国家经济社会发展五年计划等国家中长期战略中经常出现和被加以强调。党的十八大之后，各领域进一步落实可持续发展的观念不断增强，"五位一体""新发展理念""生态文明"等系列战略思想中都充分体现了我国坚持可持续发展战略的决心。至今，国家已出版可持续发展国家报告9份，一些科学研究机构和高等学校也开始围绕可持续发展目标的实现来开展相关工作，比如，中科院以可持续发展目标为内容，通过新的技术手段和大数据等持续监测各领域的可持续发展目标进展情况。

在本轮行动计划实施期间（2022—2023），国家对可持续发展工作的关注日益密集。有研究根据各种来源信息收集了习近平总书记关于可持续发展的重要论述，发现在中国式现代化、共同富裕、高质量发展、乡村振兴、美丽中国、全球发展共同体等重要主题的论述中，都一直在强调可持续发展是解决当前全球性问

题和国内发展问题的"金钥匙"，并多次反复提及，我们要全面落实联合国2030年可持续发展议程，根据国情坚持走好本国可持续发展道路。比如，我们的现代化要坚持以节约优先、保护优先、自然恢复为主的方针，走生产发展、生活富裕、生态良好的文明发展之路，要实现中华民族的永续发展。比如，我们的现代化建设成果要更多更公平地惠及全体人民，要逐步缩小城乡发展差距，坚持绿色发展，等等。

2023年1月，国务院新闻办公室发布《新时代的中国绿色发展》白皮书，明确要强化公民生态文明教育，在国民教育中嵌入绿色发展内容，引导社会公众自觉践行绿色生活理念，让生态环保思想成为社会主流文化，形成深刻的人文情怀。在这个大背景下，中小学正在进一步夯实绿色学校建设工作，加快开展气候变化教育等，指导学生获得低碳绿色生活的意识和行为，成为教师工作的新焦点。在职业院校，因应国家经济社会绿色转型，绿色技能和绿色人才成为学校关注的新热点。在高等教育机构，通过学科建设和专业更新来培养绿色专业人才成为新趋势。在公司企业，从环境—社会—公司治理来评估企业可持续发展成为新的工作任务。可持续发展需要深层次的思维变革和积极转型，需要社会公众具备良好的系统思维、预测能力、科学素养、行动与合作能力等，面向全体民众实施各级各类、丰富多样的可持续发展教育是当前终身教育发展的重要任务。

二、国际可持续发展教育最新行动框架动态

可持续发展教育是联合国教科文组织受联合国委托所负责领导与组织的一项全球性教育行动。最早以环境教育为核心概念，于20世纪60年代后期开始在国际层面发起和推动。此后，核心关键词的内涵逐步转变为以可持续发展为基本内容的国际理念。尤其在2015年联合国发布《2030年可持续发展议程》以来，联合国教科文组织持续推动新的可持续发展教育系列行动，其中最近的一轮全球性行动是"可持续发展教育2030"。

"可持续发展教育2030"的基本目标是通过增强可持续发展教育，持续助力17项可持续发展目标的实现，建设一个更加公正、更具可持续的世界。具体目标是将可持续发展教育和17项可持续发展目标充分融入5个优先行动领域当中，最终使得各利益相关者履行各自的职责，共推可持续发展教育进展。具体到各利益相关主体，政府要努力推动可持续发展教育在教育政策与教育改革框架中的主流化；各类学习者要有机会获得推动可持续发展所需要的知识、技能、价值和态度，进而通过"全机构方式"（whole-institution approach）落实可持续发展；教育工作者要

有机会发展相关能力来促进社会向可持续未来转型，并与培训机构一起系统地整合可持续发展教育；青年人要努力成为变革的行动者，青年组织可以为从事可持续发展教育的青年人、青年培训者提供系统培训；公众要认识到可持续发展教育是一个关键工具，是在地方层面实现可持续性的终身学习机会。在实施要点上，"可持续发展教育2030"提出，要增强教育在促进可持续发展目标中的关键作用，关注可持续发展所需要的深层社会大变革，强化国家在推进可持续发展中的领导力。最新的这轮国际行动计划坚持并优化以下五方面的着力点：强调教育和发展部门决策者之间的政策沟通和合作，通过全机构方式创建具有可持续发展特点的学习环境，有针对性地提升教师的可持续发展教育能力，在公共决策和教育学习机构中保障青年群体的参与，采取地方性行动将可持续发展教育落至实处。

联合国教科文组织关于可持续发展教育的这个最新行动框架进一步强调了可持续发展教育和可持续发展目标的充分融合，分别对政府、学习者、教育工作者、青年人和社会公众提出了明确的期待和要求，在实施上突出强调了教育的力量、社会大环境变革和国家领导力，并聚焦在部门合作、全机构方式、教师可持续发展教育能力、青年参与和地方行动五个要点。正因如此，我们在第二轮行动计划中也特别添加了青年力量参与、信息技术力量加持等相关内容，以此来逐步引导本土社区可持续发展教育实践的拓展、更新和深化。

三、上海持续推动社区可持续发展教育的新基础与新动力

基于第一轮可持续发展教育社区行动计划的工作推进，上海已在全市各区的代表性社区教育机构当中形成了初步的可持续发展教育工作网络和实践平台。基层教师通过持续的专题学习、实验尝试、行动探究和合作交流，在一批核心骨干教师当中已经形成了社区教育和可持续发展结合的新理念、新行动。国际可持续发展及可持续发展教育的话语也在不断地和国内生态文明建设、经济社会绿色转型等时代行动本土话语相互借鉴和融合，共同启发和指导着上海市本土社区可持续发展教育的探究。

更加令人欣喜的是，上海在2021年开始启动《落实联合国2030年可持续发展议程上海自评估报告》。2022年的世界城市日上，上海发布了主题为"绿色、共享、合作"的可持续发展报告，对清洁能源、公平共享、绿色韧性、合作发展四个方面所对应的可持续发展目标进行了优先审查。这项工作的目的在于用"上海指数"来诠释城市的可持续发展，用可持续发展语言来讲述上海的发展故事，提升国内外对全球可持续城市化的积极关注，更好地向世界展示中国式现代化的生动图景。

教育是可持续发展目标的第四项内容，也是其他可持续发展目标实现的重要途径，可以预期，可持续发展上海指数工作的推进将进一步给上海可持续发展教育提供新的需求和发展动力。正如有专家表示，我们要善用可持续发展目标及其标识体系，在市级层面发展各种市民行动计划，创新可持续发展目标的表达方式，引导社会和各类机构主动对接和展示可持续发展目标。在这个新的发展背景和动力驱动下，上海社区可持续发展教育有了更多、更新的发展空间。

四、上海第二轮行动计划工作的推进概况与案例选取说明

基于第一轮行动计划的经验，我们在第二轮工作开始之际，就在市教委的指导和支持下，完成了《上海可持续发展教育社区行动计划（2022—2023）》的制定和发布，使得整个推进工作有一个坚实的工作规范框架基础。我们继续借助于上海终身教育研究院青年研究员团队，通过各位同事持续拓展工作和研究网络，在较短的时间内就联系到了全市大部分地区的社区学院、部分街镇社区学校、部分中小学和职业院校等。通过与社区学院院长、社教部主任、社区学校校长、中小学校长与骨干教师等的多轮集体交流、暑期沙龙、线上沟通、实地参访等，共同组织了40多位合作者一起参与，最终完成18个案例的挖掘与整理工作。参与者中既有第一轮的"前辈"，也有本轮加入的"新手"，团队成员相互督促、互相学习，将第二轮可持续发展教育工作推进得更为规范、更加顺利。

我们依据过往经验和对国外社区可持续发展教育经验的持续学习，仍旧坚持已经形成的两大工作路径：一是在既有的较为成熟、有发展潜力的终身教育与社区教育项目实践基础上，与可持续发展议题做可能的联结，促进社区教育实践项目向可持续发展教育合理转型；二是结合可持续发展目标与地方实际，重点发现、培育、支持新的可持续发展教育项目。可喜的是，由于第一轮计划的良好影响，部分合作者开始自主地思考、设计、推动本社区可能形成的可持续发展教育新项目，基于机构自身的良好组织和建设能力，将项目顺利推进，在行动和实验之后很快就形成了自己的代表性可持续发展教育项目新经验，为本轮上海社区可持续发展教育案例经验的呈现做出了积极示范和重要贡献。

我们对于代表性案例的挖掘和选择紧密结合第二轮行动计划的基本安排，并根据国内和国际可持续发展及可持续发展教育的新形势和新动态，鼓励基层社区教育机构不断探索创新。比如，在传统的社区健康教育领域，我们注重挖掘带有信息技术辅助下的社区健康教育新行动经验。在社区职业能力领域，增加了对绿色人才培养、数字农业技能、金融素养等经验的挖掘。在社区环境领域，基于国

家"双碳"新政策的推进，我们纳入了中小学低碳素养与生活方式方面的经验探索。在社区和谐领域，生态问题和地方经济发展、乡村建设等问题日益密切联系，使得社区治理问题有了更明确的背景与问题指向，增加了可持续发展教育项目的综合性。

期待更多的同行关注上海的社区可持续发展教育工作，并有机会合作和研究，共同致力于国内可持续发展教育的新发展。

上海可持续发展教育项目首席研究员　华东师范大学教育学部职成所　朱敏

上海终身教育研究院执行副院长　华东师范大学教育学部　李家成

2024年2月28日

2 体验先行·智慧并重·文化传承

——探索社区中医健康教育新模式

奚倩慧　尤艳丽　鲍国政　翁申杰

（静安区业余大学）

案例概况

项目名称	体验先行·智慧并重·文化传承——探索社区中医健康教育新模式		
项目实施机构	上海市静安区业余大学		
所属行政区	静安区		
核心合作 / 支持单位	静安区教育局		
项目运作时间	2021年1月	项目结束时间	2023年12月
项目拟解决的关键问题	加大中医健康教育推广力度，提高民众对中医技术的知晓率、信任度，助力中医药事业的可持续发展；教学设计上更充分地体现中医理论知识在社区教育中的实用性、可操作性，提高中医的吸引力和扩大传播范围；探索中医健康教育中传统医学元素与传统文化的融合方式，助力传承和发扬中华优秀传统文化		
对应的可持续发展目标 / 领域（勾选）	☑ 社区健康教育　　　　☐ 社区和谐发展 ☐ 社区环境教育　　　　☐ 社区职业能力		
主要服务对象群体（勾选）	☐ 老年人　　　　　　　　☐ 儿童与青少年 ☐ 在岗职工　　　　　　　☐ 外地来沪从业者 ☐ 残障人员　　　　　　　☐ 女性群体 ☑ 全体居民（无特定指向）☐ 创业群体 ☐ 其他（请详细注明）		
主要经费来源（勾选）	☐ 市级财政教育预算　　　☐ 区级财政教育预算 ☑ 本单位自筹　　　　　　☐ 社会资助 ☐ 其他渠道（请详细注明）		
项目联系人	奚倩慧		

一、项目背景

（一）开展中医健康教育，满足民众健康需求

《"健康中国2030"规划纲要》提出了全面提升中华民族健康素质，实现人民健康与经济社会协调发展的国家战略，总体战略上要"以改革创新为动力，预防为主，中西医并重，把健康融入所有政策"[①]。在我国老龄化程度加剧的大背景下，社区居民对于健康科普的内容、渠道、形式显示出较强烈的需求：内容上聚焦在食品安全和疾病防治上，渠道和形式上呈现出视频科普、互动型科普等多元化需求。[②]

中医药有着悠久的发展历史，在预防、治疗各类疾病方面优势突出，中医的各种健康理念也在现代医疗保健中发挥着重要作用。[③] 开展中医药健康教育是提高中医药健康知识掌握度的主要手段。上海市静安区业余大学在开设"中医养生保健"学历教育的基础上，整合资源、立足社区，推动中医教学在终身教育领域中的发展与创新。

（二）探索教学新模式，提升教学质量与学员兴趣

目前国内仍多采用较为常规的方法开展中医药健康教育，推广效果欠佳，社区居民对中医药健康管理相关知识的了解度和知晓度偏低，不利于中医药事业的可持续发展。[④] 与之相反，各类自媒体平台发布鱼龙混杂的养生信息，多以玄学而夸张的方式陈述中医理论，讲授过程不清晰、不彻底，且以售卖相关产品实现盈利为主要目的，混淆了正确的中医健康观。如何提升中医药文化推广效率，提高大众对中药知识的了解度和信任度，是当前亟待解决的问题。[⑤]

在教学过程中，理论内涵深厚的中医知识系统不易在一次或几次课程中被完全涵盖，且纯粹的理论输出也难免枯燥艰涩，难以调动学员持续学习的兴趣。所以需要开拓思路，探索新颖的教学模式，体现中医健康课程的科学性、实用性与趣味性，以提高社区中医健康教育的教学质量与学员的学习动力。

① 中共中央 国务院印发《"健康中国2030"规划纲要》[EB/OL].中国政府网，2016-10-25.
② 黄梦洁，曾雷霄，葛蒲，等.社区居民健康科普需求及其影响因素研究[J].中国全科医学，2023，26（4）：426-433.
③ 伍钊华.俱乐部式管理在中医药社区推广中的应用[J].中西医结合杂志，2017，27（17）：196-197.
④ 陈爱梅，韩莉，张苇苇.新媒体在提升社区居民中医药健康文化素养的应用[J].东方药膳，2020（9）：207.
⑤ 陈晶晶，孙高幸.社区站点推广中医药适宜技术的难点与对策[J].中医药管理杂志，2020，28（21）：197-198.

体验式教学（experiential teaching）具有自主性、协作性、创造性和隐蔽性等特点。美国哲学家、教育家约翰·杜威（John Dewey）认为，教育就是经验的改造或改组，应引导学生从经验中"获得为达到直接需要和目的的各种技能和技巧"[①]。通过与环境的交互而获得知识的方式，能激发学员内心的摄取机制，继而产生"内隐式"的"自觉"学习动力。[②] 此外，我国《"十四五"中医药信息化发展规划》提出以信息化引领中医药传承创新发展，"鼓励和支持智能中医设备研发及应用"，并"推动构建网络化、个性化、终身化中医药数字教育体系"[③]。至此，重视体验式教学，以理论讲课结合操作体验为主要授课形式，并结合智能中医设备的应用，成为我们逐渐探索出的社区中医健康教育的主要模式。

（三）阐释中医药文化，契合传统文化的传播与发扬

海派国医大师裘沛然指出，将"和而不同"的思想用于当今人类文化的发展，可以促进文化的繁荣和发展。"和而不同"指的是承认差异、尊重多元，既认同本民族的文化，又要以博大宽容的精神对待其他民族的文化，以"文明的对话"产生共识并理解歧异，逐渐走向人类文明多元一体的和谐。[④] 中医思想历来承载着传统文化，是传播和传承中华文化的良好载体。国家出台《中医药文化传播行动实施方案（2021—2025年）》，提出"对中医药文化内涵理念进行时代化、大众化、创新性的阐释"，并"推动各地开展内容丰富、形式多样的中医药文化进校园活动"[⑤]。借鉴文件指导，我们以阐释中医药文化为契合点，在社区中医健康教育中融合传统文化，既发扬了中华文化内涵，又赋予了中医理论更多的亲和力。

《上海市终身教育发展"十四五"规划》提出了"面向社区居民提供各类社会文化生活教育服务，提升市民综合素养"，并将"培育和打造终身学习新品牌"作为终身教育事业发展的重要指标之一。[⑥] 结合社区居民健康需求与国家、上海市的

---

① DEWEY J. Democracy and Education: An Introduction to the Philosophy of Education [M]. New York: The Free Press, 1916: 76.

② REBER A S. Implicit Learning and Tacit Knowledge: An Essay on the Cognitive Unconscious [M].Oxford: Oxford University Press, 1996: 150.

③ 国家中医药管理局关于印发"十四五"中医药信息化发展规划的通知 [EB/OL]. 中国政府网, 2022–11–25.

④ 陈沛沛，杨枝青，杨杏林，等. 中国传统文化"和而不同"思想造就了"海派中医" [C] // 中华中医药学会医古文研究分会. 全国第十八次医古文研究学术年会论文集. 安庆：全国第十八次医古文研究学术年会，2009: 6.

⑤ 国家中医药管理局　中央宣传部　教育部　国家卫生健康委　国家广电总局　关于印发《中医药文化传播行动实施方案（2021—2025年）》的通知 [EB/OL]. 中国政府网，2021–06–29.

⑥ 上海市教育委员会. 上海市终身教育发展"十四五"规划 [EB/OL]. 中国社区教育网，2022–02–08.

发展规划，静安区业余大学围绕"中医"特色，积极开发社区健康教育课程，并形成了"体验先行·智慧并重·文化传承"的教学特色，以期为传统医学的可持续发展夯实基层铺垫。

二、具体做法

（一）支撑体系

1. 项目依托成人高校平台

上海市静安区业余大学自2019年起设置中医养生保健专业，引进专业教师队伍。学校发挥办学优势，通过官方微信平台，或静安区社区学院、静安区老年大学、非学历教育等部门招募社区学员，并配合场地建设、设备引进。自2021年起以"科学生活·健康静安"为项目主题，持续开展社区中医健康教育活动。此外，学校鼓励申报与活动相关项目课题，以科研引领教学，逐步提升社区健康教育的教学质量。

2. 活动组织者进行必要的课前准备

邀请校内外有教学经验的中医专业人士对社区学员进行授课，提前沟通教学主题、教学形式及教学设计环节，以确保呈现最理想化的课程内容。且主题、形式及教学环节的统一有助于课程的系列化、品牌化形成。

3. 线下结合线上增加传播面

2022年以全线上形式开展活动，操作体验改为"教师演示—学员操作"，并建立微信群便于课后互动；全线上开展期间也尝试在微信端推送精心制作的短视频，以更直观、快捷地传递知识信息。2023年起恢复线下教学，部分活动在智慧教室等技术支持下以线下结合线上形式开展，教学对象仍以线下的为主；仍保留开放线上直播以扩大知识传播面，课后继续在线上进行个性化答疑。

（二）教学设计

1. 根据不同学员需求，融入适宜体验式教学

本项目设计的授课形式以理论讲课＋操作体验（授课时间2：1）开展，理论讲课为操作体验的先导，操作体验为理论讲课的延伸。两者紧密结合，帮助学员巩固理论知识，建立以中医思维解决实际问题的养生保健思路。此外，面向不同年龄层次学员，分别设计适宜主题。比如，针对50岁以上群体，以养老康复、实用保健为学习需求，设计外治保健、膳方食疗、慢病康复等操作属性较强的主题

课程，辅以艾灸制作、功法导引、腧穴定位、药材鉴别等简易实用的操作体验。针对20~50岁群体，以中医理论、体质养生为学习需求，设计体质鉴别、香疗保健、节气养生等理论内涵更深的主题课程，辅以香囊制作、体质识别、外治手法、中药代茶饮制作等活学活用的操作体验。

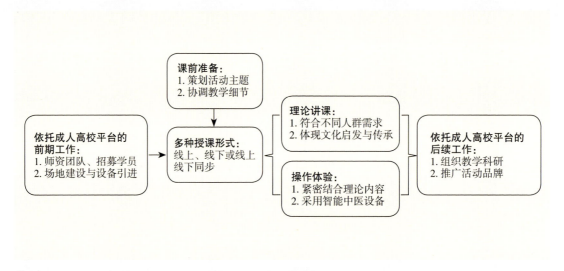

图1　项目实施具体方法

2. 采用中医智能教学设备

主要包括中医智能镜、脉诊仪、四诊仪、经络穴位仪等。在操作体验过程中，学员可自行操作设备，获得个性化健康信息和养生建议，也可以选择感兴趣的多媒体信息，实现个性化知识拓展。

3. 课程中融入对中华优秀传统文化的启发与传承

通过讲解传统哲学观，帮助学员理解中医元素所蕴含的整体思维、辩证思维、意象思维等，突出"变易"与"合和"统一下的"天人合一"思想所折射出的敬畏自然、顺应自然的人与自然和谐共生之道。

三、项目成效

（一）已实施的教学

表 1　已实施教学活动一览表

时间		教学主题	开展形式	参与人数
2021年	4月	女性体质与养生	线下面授 + 操作体验	82
	5月	传统灸法与现代灸疗		28
	6月	暑夏中医养生攻略		65
	9月	智能中医与体质养生		42
	10月	中医体质养生		74
	11月	秋冬中医养生		23
	12月	药膳解读与品尝		23
2022年	3月	中药与香囊	微信视频推送	22
	4月	春日蔬菜		1800+（点击量）
	5月	身边的药用植物		700+（点击量）
	6月	冬病夏治与三伏贴	线上直播 + 微信互动	63
	7月	夏日水果	微信视频推送	500+（点击量）
	9月	秋季养生与精油疗法	线上直播 + 微信互动	48
	10月	冬日膏方	微信视频推送	600+（点击量）
2023年	3月	智能中医与经络养生	线下面授 + 操作体验	25
	4月	灸疗原理与应用		31
	5月	"颈"然有序之颈椎保健	线下、线上同步	88
	6月	香疗与香囊	线下面授 + 操作体验	38
	9月	秋季养肺经穴		22
	10月	补气食养		31
	11月	冬季养肾经穴		32
	12月	温阳食养		35

（二）具体案例

1. 主题：中医体质养生

表2 "中医体质养生"主题活动概况

活动形式：讲座＋体验—线下		时间：2021年10月20日	
主讲教师：程俊萍（杨浦区中心医院主治医师） 辅助教师：奚倩慧、翁申杰（静安业大教师）			学员人数：74
教学设计环节	1. 理论讲课 （1）中医体质的概念和意义 （2）9种中医体质的讲解 （3）不同体质适宜的中药泡服饮用方 2. 现场个性化答疑 3. 操作体验 选取部分学员（10人）使用中医智能镜、四诊仪进行体质测试，多位教师进行一对一讲解辅导		
本次活动特色	1. 线下大型讲座能满足多人数学员需求，部分学员参与体验及一对一个性化讲解，又能在一定范围内增强学习效果 2. 采用与课程内容相匹配的智慧教学设备，以展示中医现代化成果，即智能化数据采集、大数据储备分析共同提升中医的科学性 3. 体质辨识及相关中药泡服推荐，具有较强的养生实用性		

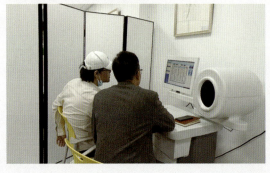

图2 "中医体质养生"主题活动掠影

2. 主题：冬病夏治与三伏贴

表 3 "冬病夏治与三伏贴"主题活动概况

活动形式：讲座—线上直播		时间：2022年6月14日
主讲教师：肖彬（上海中医药大学副教授）		学员人数：63
教学设计环节	1. 理论讲课 （1）中医夏季养生原则及其内涵 （2）对应"冬病夏治"原则的三伏贴疗法的概念和功效 （3）常用三伏贴药物及对应穴位 2. 操作体验 （1）直播课中根据2位学员描述的体质或疾病指导三伏贴选穴 （2）课后在微信群中继续辅导三伏贴选穴（限时） 3. 回顾总结与答疑 （1）教师总结：夏季养生与冬病夏治的原则，冬病夏治适宜常见病的敷贴选穴 （2）线上答疑	
本次活动特色	1. 线上直播课，以开放式问答鼓励学员参与互动 2. 线上解说穴位功效时，同步指导学员穴位定位，以操作加深记忆 3. 课后以微信群方式辅导，巩固和延伸知识点 4. "春夏养阳"法则顺应了节气气候特点，以人之阴阳顺应四时阴阳，是人与自然和谐共生的应用典范	

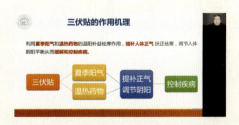

图3 "冬病夏治与三伏贴"主题活动掠影

3. 主题："颈"然有序之颈椎保健

表4 "'颈'然有序之颈椎保健"主题活动概况

活动形式：讲座＋体验—线下、线上同步		时间：2023年5月10日
主讲教师：向澍（静安区中医医院副主任医师）		学员人数：线下32＋线上56
教学设计环节	1. 课前预热（限时） 早到的学员可使用中医智能镜进行体质辨识，相关教师进行讲解 2. 理论讲课 （1）颈椎病发生的原因 （2）颈椎病的中西医治法 （3）介绍中医导引法的历史演化和学术功效 3. 操作体验 根据教师讲解和演示（动作、吐纳），学员一起做颈部导引操，教师纠正常见错误 4. 总结与答疑 （1）教师总结：避免颈椎病发生、发展的方法，导引的特色 （2）线下、线上学员答疑	
本次活动特色	1. 以简单有效的中医方法改善常见疾病的不适症状，体现了健康知识的实用性、可操作性 2. 在智慧教室采用线下面授与线上直播相结合的讲课方式，增加了课程的传播度 3. "导引"蕴含的"无损为养"法则，强调顺应自然，以内在动力保持健康的"可持续发展"理念	

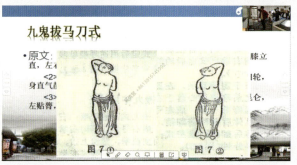

图4 "'颈'然有序之颈椎保健"主题活动掠影

4. 主题：香疗与香囊

表 5 "香疗与香囊"主题活动概况

活动形式：讲座 + 体验—线下		时间：2023 年 6 月 17 日	
主讲教师：奚倩慧（静安区业余大学讲师）		学员人数：38	
教学设计环节	1. 理论讲课 （1）香疗的历史和现代医学作用 （2）中医药的香味艺术（3 种形式） （3）分类介绍各种香味中药（醒脾、解郁、开窍、散寒） （4）端午节与香药的关联，体现"天人合一"中医思想 2. 操作体验 （1）闻香识中药 （2）根据自我喜好与体质辨识（结合中医智能镜，限定 5 人）选择相应的香味中药并制作香囊 3. 回顾总结 （1）教师总结：香疗的作用，香味中药的功效类别 （2）学员感想：分享香味体验，自我辨证后的香囊药方		
本次活动特色	1. 线下体验部分包含鉴赏中药 + 个性香囊制作，并鼓励学员分享感受，在整堂课中体现以学员为主导的教学设计 2. 结合传统节日端午，品《离骚》中与香味植物有关的词句，赋"香药"传统文化内涵 3. 以节气特点结合用药特色，体现"天人合一"中医思想		

图 5 "香疗与香囊"主题活动掠影

5. 主题：冬季养肾经穴

表6 "冬季养肾经穴"主题活动概况

活动形式：讲座＋体验—线下		时间：2023年12月8日
主讲教师：翁申杰（静安区业余大学专职教师）		学员人数：32
教学设计环节	1. 理论讲课 （1）肾的中医学功能 （2）结合气候特点，讲冬季养肾的注意点 （3）适宜养肾的穴位3对（位置、作用） （4）灸法适宜的穴位，灸疗手法演示 2. 操作体验 （1）通过智能经络穴位仪，巩固取穴位置 （2）自制艾条，感受艾绒的触感与气味；取穴灸疗与手法矫正 3. 回顾总结 （1）教师总结：冬季养生原则，相应的穴位与灸法 （2）学员感想：分享灸疗体会，个性化问答	
本次活动特色	1. 对课程中的重要知识点——取穴位置进行讲解、问答、智能中医设备自查，以强化记忆，也体现了智能中医设备对个性化教学的作用 2. 在讲解气候特点时，引用《内经》原文，对比古今冬季气候差异，引发学员对气候变化的思考 3. 冬季养生从肾入手，其中蕴含阴阳五行（肾主水，为阴脏）意象，体现朴素唯物主义自然观	

 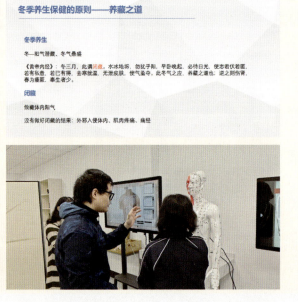

图6 "冬季养肾经穴"主题活动掠影

四、项目的创新性与可推广性

（一）理论讲课结合操作体验的教学方式

本项目提倡理论讲课结合操作体验的教学方式，力求通过各种操作体验，让学员潜移默化地加深对中医知识的理解，不再畏惧理论知识的高深，而是享受中医药理论的趣味。

操作体验应紧贴理论讲课的主题，根据不同年龄层次人群达到不同效果：给予"白领"年轻人群略深难度的理论知识，配合一定技巧或理解运用型操作体验，活学活用；给予"白发"年长人群略低难度的知识信息，配合操作简易且便于理解的体验实践。此外，在操作过程中，学员与教师、学员与学员之间能增加互动沟通，让课堂氛围变得更轻松愉悦，也有利于学员自发地提出疑问并获得个性化解答。这一教学方式，不仅提高了教学质量和学员学习的主动性，也能吸引民众关注到中医理论和技术的实用性和可操作性。有了更多人的参与和知晓，中医知识的普及化和可信任感会大大提升。理论结合实践的中医健康教育方式值得在社区教育中进一步推广。

（二）结合智能中医设备的使用

在体验过程中结合智能中医设备的使用，可以展示大数据背景下传统医学的现代化革新。智能中医设备可将脉诊、望诊等经验性医学诊断，以数据化形式进行呈现；或通过获取症状、体质信息，提示可能存在的疾病及相应的养生方案。在信息技术支持下，智能中医设备展现了中医技艺的科学性与蓬勃的可发展潜力，也能帮助学员辨识鱼龙混杂的伪中医、伪秘方等，有助于构筑传统医学继续发展的良好环境。

（三）恰当融入中华优秀传统文化

结合中医知识的授课内容，恰当融入中华优秀传统文化，可以推动在社区教育中对中华优秀传统文化的传承与发扬。中医理论体系饱含传统文化精华，"天人合一""阴阳五行""平衡制约"等理念，均蕴含朴素唯物主义和辩证法思想，可以使学习者开拓世界观、价值观与人的社会属性、自由发展的联系，提高对可持续发展的微观与宏观认知，从而以更包容友善、珍爱生命、敬畏自然的生命观，形成身体、心灵、社会相互影响的多重健康生态。

（四）加入气候与环境元素

课程中加入气候与环境元素，建立对环境社会可持续发展的理解与行动。结合传统节气来调养身心是中医理论的重要部分，我们以节气的气候特点为切入点，对比古今气候变化及由此需要更替的节气养生原则，以提示迫在眉睫的气候问题。在操作体验环节，我们提倡使用功法、刮痧、拔罐、电子艾灸等清洁环保的中医疗法，以顺应自然、减少能耗，支持环境社会的可持续发展。

（五）依托成人高校的教育平台

依托成人高校的教育平台，对持续开展社区中医健康教育，不断创新教学模式，有一定借鉴意义。除配备专业教师队伍、协调活动组织、促进科研引领教学外，静安区业余大学也通过微信平台、学术交流及招生宣传等，在区域内推广活动品牌，扩大影响力。此外，学校近年来建设完成智慧教室、智慧学习场景等，在相关技术的支持下，可以实现线下面授教学与线上直播的同步进行，或制作微课程、小程序、电子教材等发布于学校公共平台，支持学员自主化、个性化学习。这种延展社区健康教育空间和时间的可持续发展方式，也为每一位社区学员搭建了个人可持续发展的学习模式。

3 创建老年智慧学习空间 倡导社区长者科学健身

刘丽静

[闵行区梅陇镇社区（老年）学校]

案例概况

项目名称	创建老年智慧学习空间　倡导社区长者科学健身		
项目实施机构	上海市闵行区梅陇镇社区（老年）学校		
所属行政区	闵行区		
核心合作 / 支持单位	闵行区梅陇镇文化体育事业发展中心 闵行区梅陇镇老龄委		
项目运作时间	2020 年 8 月	项目结束时间	2025 年 8 月
项目拟解决的关键问题	以满足老年人实际学习、健身、社交需求为目的，深入探索场景应用，融合数字技术与健康器械，构建新时代老年智慧学习场景，拓展面向未来、适合老年教育智能化学习的教育资源，创建老年智慧学习空间，倡导社区长者科学健身		
对应的可持续发展目标 / 领域（勾选）	☑ 社区健康教育　　　☑ 社区和谐发展 ☐ 社区环境教育　　　☐ 社区职业能力		
主要服务对象群体（勾选）	☑ 老年人　　　　　　　　☐ 儿童与青少年 ☐ 在岗职工　　　　　　　☐ 外地来沪从业者 ☐ 残障人员　　　　　　　☐ 女性群体 ☐ 全体居民（无特定指向）☐ 创业群体 ☐ 其他（请详细注明）		
主要经费来源（勾选）	☑ 市级财政教育预算　　☐ 区级财政教育预算 ☑ 本单位自筹　　　　　☐ 社会资助 ☐ 其他渠道（请详细注明）		
项目联系人	刘丽静		

一、项目背景

（一）以政策为引领

2019年中共中央、国务院印发了《国家积极应对人口老龄化中长期规划》（以下简称《规划》），《规划》指出："人口老龄化是社会发展的重要趋势，是人类文明进步的体现，也是今后较长一段时期我国的基本国情。"《规划》同时指出，要"构建老有所学的终身学习体系""积极推进健康中国建设，建立和完善包括健康教育……的综合、连续的老年健康服务体系。健全以居家为基础、社区为依托、机构充分发展、医养有机结合的多层次养老服务体系""建设老年友好型社会，形成老年人、家庭、社会、政府共同参与的良好氛围"。2021年《关于加强新时代老龄工作的意见》中也提到，要"提高老年人健康服务和管理水平。在城乡社区加强老年健康知识宣传和教育，提升老年人健康素养""扩大老年教育资源供给""提升老年文化体育服务质量"。

2022年1月颁布的《上海市老年教育发展"十四五"规划》中提出："十四五"期间老年教育工作的基本思想要以老年人高品质学习需求为导向，以健康科普为要求，以数字化为支撑，构建泛在可选的老年学习环境。"十四五"规划同时提出了高水平数字驱动的发展目标，到2025年，完成"双百双千"计划：建设100个老年智慧学习场景，创建100个老年智慧学习品牌，开展1000名助老智慧学习骨干教师培训，培育1000个智慧学习助学团队。

（二）以需求为导向

在"三人行有一老人焉"的老龄化社会背景下，在后疫情时代健康意识的全民觉醒中，越来越多的老年人纷纷投入运动健身的行列中。"生命在于运动"，运动有益健康，也能丰富老年人的晚年生活，但"运动需要科学"。尤其对老年群体而言，他们选择的运动方式往往比较随意，缺乏一定的科学运动知识，且老年人由于各器官和系统出现不同程度的衰老，身体素质有所下降，运动后恢复也较慢。因此，老年人更需要科学锻炼。

上海是我国最早进入人口老龄化社会且老龄化程度最高的城市，老年人口规模将持续扩大。在人口老龄化和社会生活信息化的时代趋势下，老年教育的智能化、数字化转型面临着新的局面。为帮助老年人更好地迎接、适应未来科技社会下的养老生活，智慧学习场景的建立成为助力老年人跨越"数字鸿沟"的重要实践。梅陇镇"长者智能运动健康之家"以满足老年人实际学习、健身、社交需求为目的，深入探索场景应用，融合数字技术与健康器械，构建新时代老年智慧学习场景，拓展面向未来、适合老年教育智能化学习的教育资源，创建老年智慧学习空间，倡导社区长者科学健身。

二、具体做法

（一）建设背景

长者运动健康之家是面向老年人的社区多功能健身场所，作为老年人专属运动房，提供体质测试、基础健康检测、科学健身指导、慢性病运动干预、运动康复训练、健康知识普及和休闲社交等"一站式"运动康养服务。梅陇镇党委和政府高度重视长者运动健康之家的建设，坚持高起点建设，高标准推进，将2个长者运动健康之家建设纳入民生实事项目，投入资金430多万元，在区内率先建设2个长者运动健康之家，为市民提供就近、智慧、便捷的健身健康服务，推动社区老年智慧学习空间与全民健康的深度融合。在此基础上，梅陇镇社区（老年）学校着力构建"长者智能运动健康之家"物理空间资源共建、内容共享的资源库，探索线上线下双空间学习新思路，邀请医学专家、养生达人开设知识讲座，打造健身特色课程，形成内容充实、可持续迭代发展的智慧学习空间，不断优化中老年人的学习体验。

（二）场景介绍

梅陇镇"长者智能运动健康之家"现有2处馆址，分别位于梅陇镇文化体育事业发展中心一层和梅陇镇社区（老年）学校晶城校区三层。2处"长者智能运动健康之家"总面积约367平方米，包含7个健身功能区，即健康检测功能区、心肺功能和协调能力提升区、安全等速肌力区、代谢循环促进区、综合干预功能区、健康宣教区、休闲区，共配置了45台适老化健身运动机器，为老年人提供完备、舒适的运动空间。位于文体中心的场馆还有室外的智能健身区，全部采用智能化健身器材，其中智能五方位体测亭可同时容纳5人进行13项身体能力测试。使用者通过手机扫码连接器材，在智能面板、语音播报的使用指导下完成体测，最终以蓝牙传输获取体测数据，形成智能化体测闭环。它可以实时显示、储存、分析用户体测数据，让体育健身变得更智能、更酷炫、更有趣。

图1　长者智能运动健康之家

（三）实施方法

在场馆运营管理方面，学校聘请第三方从以下方面进行管理：（1）环境安全防范，智慧学习场景内保持干净整洁，防火防盗等设施和其他安全应急设备保持完好、有效；（2）健身设备及网络安全防范，运动设备保持完好，电子产品网络运行期间做到防病毒、防窃密，由专项人员管理；（3）相关人员具备专业知识，做好设备的日常维护和管理工作。

在配备完善的智能健身器械的同时，为了解决老年人的实际操作困难，招募和配备志愿者助学员为老年人合理使用健身器械、智能教学工具进行指导，协助老年教育智慧学习场景的教学与管理。

1. 努力联动多元服务实体，多部门聚力汇集资源

统一思想，形成推进共识。人口老龄化的现实背景，使得老年教育正在成为我国积极应对人口老龄化国家战略的重点工作之一。从2019年《国家积极应对人口老龄化中长期规划》，到2021年《中共中央国务院关于加强新时代老龄工作的意见》，再到2022年《"十四五"国家老龄事业发展和养老服务体系规划》，"老年教育"高频次出现，其内容也越来越具体。在这样的战略背景下，我们更要充分认识到新形势下开展社区老年教育教学的重要性，社区学校作为老年教育的主阵地，

学校积极联动镇域内老龄办、社发办、社区党群服务中心、社区办、社区卫生院、文体中心等多个相关部门，统一思想，将老年教育与养老服务进行紧密结合，以"创建老年智慧学习空间——倡导长者科学健身"为主题，结成服务共同体，经常性开展联席会议，互通信息、策划活动、推广课程，共同推进该项目的具体落实。

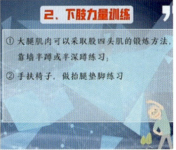

图2　各类智能健康活动

汇聚资源，建立学习资源库。面对老年人日益增长的健身、养生需求，学校以"健康""智慧""运动"为主题，创建智能运动健身学习场景，汇聚、链接各职能部门的学习资源，整合、开发、形成健身特色课程、视频微课、图文教程、智能健身器材使用手册、专家知识讲座、团体健康沙龙等，不断创新多元化的学习场景，打造老年人智能健康沉浸式体验环境，探索老年教育教学的新模式，满足中老年人健康养老需求，同时也提供老年群体温馨的社交平台。

2. 着力加强智能学习内容建设，多维度开发健康课程

结合场景，拍摄视频课程。学校聘请体育专业教授、国家体育指导员为学校老年教育智慧学习场景指导师，根据智慧场景学习空间中7个健身功能区的器材使用、科学健身管理，为老年群体设计了关于身体健康状况自查、心肺功能、便秘、失眠问题、膝关节、肌无力、摔跤和平衡能力的器械练习学习和居家自我练习方法共8节"老年健康管理系列课程"。系列课程目前已经完成拍摄，制作成视频微课，每节课程对应的二维码均已张贴在智慧学习空间7大功能区的对应位置，可供

学员们现场学习。同时，将录制的课程在哔哩哔哩网站、学校微信公众号同步推送，方便更多老年群体随时随地扫码观看，服务场内场外个性化学习。

专业赋能，录制系列讲座。学校与社区卫生院合作，结合复旦大学附属华山医院康复医学科贾杰教授"十三五"国家重点研发计划主动健康与老龄化科技应对专项"老年全周期康复技术体系与信息化管理研究"项目（项目编号：2018YFC2002300），开发老年全周期康复系列讲座，主要包含课题一中的运动功能、心功能、肺功能、疼痛、认知、精神心理等10个功能障碍，课题二、三、四中包括的帕金森病、阿尔茨海默病、脑卒中、颈椎病、髋膝骨关节炎、冠心病、慢性阻塞性肺疾病等14个疾病的防护。录制的系列讲座在学校微信公众号推送，并同步在社区卫生院、综合为老服务中心、社区学校滚动播放。

为老服务，制作学习手册。随着年龄增大，老年群体容易出现身体器官功能衰退，从而导致记忆力差。为了方便老年人进行学习，特别为长者们制作科学健身学习手册，包含科学健身小知识、运动锻炼小贴士、健康管理小档案和学习时需要记录的笔记区、温馨提示区等，引导长者们注意科学运动锻炼，保持规律的生活习惯，从而拥有健康幸福的晚年生活。

3. 合力推动"智慧助老"工作，多方位协调统筹推进

倡导沉浸式体验学习。为了引导更多的社区中老年群体走进智慧学习场景，在志愿者老师的讲解下体验智能健身器械，通过身体检测获取健康数据，帮助中老年人了解个人身体健康情况，联合老龄办、文体中心、城建中心，共同向全镇各居村发出"快来康康我"——梅陇镇老年教育智慧学习场景体验邀请，同时引导前来体验的中老年群体扫码学习"老年健康管理"课程，学习居家健康管理方法。

发挥志愿者协助作用。做好长者运动健康之家志愿者招募及志愿服务培训工作，营造温馨健康的学习氛围。根据老年人的身心特征和学习需要，招募兼职教师组成领学团、志愿者教师组成导学团和以高中生社会实践营形式组建的青春助学团，为老年人合理使用健身器械、智能教学工具进行指导，协助老年教育智慧学习场景的教学与管理。在关注老年人身体健康的同时，学校还将老年心理健康放在重要位置，在智慧学习场景的学习空间设有"心灵交流坊"，与上海师范大学心理学院研究团队开展"老年正念心理训练"项目，通过阶段性的正念训练干预，促进中老年群体身心健康。

形成主题式实验项目。学校以"实验项目"为形式和载体，全面推进"创建老年智慧学习空间倡导社区长者科学健身"工作，使该项目的推进主题更集中、目标更明确、管理更有序、过程更规范、方法更恰当，从而逐步形成并构建长效机

制，培育具有特色的实验品牌，提高教育实效，提升教育内涵。

探索有效的养老模式。为持续给"长者智能运动健康之家"注入活力，学校联合各部门打造老年人智能运动课程内容，配备相应的医学、体育学方面师资力量并与卫生医疗服务机构进行数据共享，通过专业人士对数据的监控来把握智能运动的科学性并给出指导性的智能运动建议。紧跟"健康中国"健康工作要求，形成"体育＋教育＋医疗＋养老"四位一体即"医养结合、体医融合、教养配合"的养老服务模式，充分发挥智能健身、教育养生、医疗保健和养老服务的各自优势，使老年智能运动健康管理与养老服务有效对接。

三、项目成效

（一）以满足社区长者科学健身为目标，提升长者生活品质与幸福感

1. 广谋从众，受益人越来越多

"长者智能运动健康之家"在2年多的运营中，通过问需于民，不断听取广大居民、学员的宝贵意见并进行完善和改进，为学员及广大社区老年群体提供真正便捷、高效的服务。现阶段2个点位的会员累计200余人，且仍有部分老年人在陆续报名参与，在全镇28平方千米内的69个社区均进行宣传推广，前来咨询、体验的居民共计已达万余人次。宣传活动吸引着越来越多的老年人来到场景中学习，尝试科学健身。这不仅改善了老年人的身体，也对他们的心理产生了积极的影响，提高了长者们的幸福感和生活质量。

2. 广而告之，影响力越来越大

"长者智能运动健康之家"每年开展健康义诊、健康讲座等科普活动及小型健身活动共计130余次（血压监测、瑜伽操、手脚操、腰腿操等），吸引了周边众多老年人前来学习科学健身的方法。为进一步扩大智慧场景学习的影响力，还通过学校线上教育平台"陇上课堂"和哔哩哔哩账号进行课程播放，系列课程"健康管理"收看超过15000人次。随着社区长者科学健身的推广和普及，越来越多的年轻人也开始关注长者的健康问题，学习科学健身的理念和方法。这种影响力的扩大不仅有助于提高整个社区的健康水平，还为长者们带来了更多的关爱和支持。

3. 广受好评，满意度越来越高

对前来体验的人群、会员、学员开展的满意度调查显示：群众满意度最高的是系统专业的锻炼、健康知识的日常普及、运动有效帮助健康目标达成和改善慢性疾病的发生。同时，智慧场景在建设中充分考虑对学员的安全防护及健康意识

的保护，制定了完善的应急预案和妥善的保护措施，准备了医疗救护急救箱、应急医疗点等，在岗人员经过专业培训后均掌握健康咨询和安全专业知识等。通过一段时间的科学健身，学员们对自身的健康状况越来越自信，也更加积极地参与到各种社区活动中，感受度良好。项目对老年群体的人文关怀渗透在场景硬件设施、教育教学过程以及各项学习支持服务中，因此项目广受好评，满意度越来越高。

（二）以打造智慧健康学习场景为核心，促使区域老年教育形成特色

梅陇镇"长者智能运动健康之家"探索通过数字化提升社区老年人健身体验，成为运用"全民健身＋人工智能"推动社区层面全民健身与全民健康的深度融合的典型案例，被"新华社日文专线""今日头条""上海人民广播电台""今日闵行""人文梅陇"等21家国内外媒体进行报道，产生了积极的社会影响。智慧空间助力老年康健的工作得到了社会的普遍认可和居民的强烈喜爱。

2023年4月，在2022年上海市老年数字教育进社区行动总结暨2023年上海市老年教育数字化工作会上，发布了首批18个上海老年教育智慧学习场景名单，梅陇镇"长者智能运动健康之家"名列其中。

（三）以实验项目课题研究为途径，推动智慧学习场景建设走向深入

在实践探索基础上进行理论研究，进一步持续推动学习场景的发展走向深入。2022年《创建智慧学习场景 助力城市长者康健——梅陇镇"长者智能运动健康之家"案例研究》获得"上海社区教育赋能城市软实力提升"主题征文活动二等奖。《创建智慧学习场景 助力社区长者康健——社区教育"智慧助老"的实验项目》获批2023年度上海市社区教育实验项目重点项目。《梅陇镇老年教育智慧学习场景实践研究》获批上海市老年教育理论研究课题。目前，该实验项目正在持续以"实践出理论 理论促实践"的方式，让老年教育智慧学习场景建设得以持续深入并不断拓展延伸。

四、项目的创新性与可推广性

（一）多方协调，充分发挥联动机制，汇聚"向心力"

新时代，老年教育的重要性和必要性日益凸显。该项目在推进过程中形成了较好的协作联动机制，既有上下联动模式的深度，又有横向职能部门之间联动模式的广度，各方明确责任分工，细化工作任务，不断总结经验，以更开放的视野、

系统的思维和协作的理念运作，形成了各司其职、各负其责、齐心协力、合作共赢的工作格局，汇聚了一股倡导长者智慧、科学健身的"向心力"。

（二）依托场景，积极融入数字生活，搭建"连心桥"

从老年人现实生活中的实际身体状况出发，根据"长者智能运动健康之家"的场景特征，结合该场景中的7个健身功能区，开发了"老年健康管理系列课程"微课，为老年人设计相关的器械练习和居家自我练习方法。这样的学习方式可以让老年学员对所学的健身知识更感兴趣，也更能提升他们学习的实践性和实用性。视频微课完成拍摄制作后，进行了多渠道的推送，既供学员们现场学习，也可以让学员们进行在线反复观看学习。学校想老年人所想，为他们搭建了一座"连心桥"，帮助他们在科学健身的同时，拉近与智能设备的距离，能惬意地享受现代智能健康生活。

（三）精准服务，用心对接实际需求，绘就"同心圆"

学校积极探索沉浸式体验、模拟型应用等形式，解决社区老年人"去哪儿科学健身"和"健康养生"的问题，逐步实现老年教育数字转型、智能升级和融合创新。通过创建智慧学习空间开展老年教育，倡导科学健身这一项目，既能积极回应和落实国家和上海市的相关政策，又回应了大多数长者的学习需求，大大提升了老年群体的幸福指数。

未来还将持续深入构建线上线下双空间发展的"长者智能运动健康之家"，通过深入调研，及时了解社区老年群体对科学健身、健康养生方面的多元学习需求，进一步搭建适老化智能学习场景2.0版。同时继续丰富课程内容，不断满足老年人多样化、个性化健身需求，引领老年人享受智慧生活、收获健康快乐，老年人体育健身活动常态化，拥有科学健身的生活品位，推动老龄事业从健康老龄化层次向积极老龄化层次提升。

4 知者乐水，水美人和

——浦东新区社区居民水素养提升项目

崔晓光　李媛　吴昀

（浦东新区社区学院）

案例概况

项目名称	知者乐水，水美人和——浦东新区社区居民水素养提升项目		
项目实施机构	上海市浦东新区社区学院		
所属行政区	浦东新区		
核心合作 / 支持单位	上海市排水管理处 浦东新区生态环境局 浦东新区河长制办公室		
项目运作时间	2023年2月	项目结束时间	2025年6月
项目拟解决的关键问题	1. 促进社区居民掌握、了解水生态基本知识； 2. 促进社区居民关注并记录身边的水空间； 3. 帮助社区居民爱水、惜水、节水、护水、享水，提升社区居民的水生态素养； 4. 建设人水和谐的美好社区生态		
对应的可持续发展目标 / 领域（勾选）	☐ 社区健康教育　　☐ 社区和谐发展 ☑ 社区环境教育　　☐ 社区职业能力		
主要服务对象群体（勾选）	☐ 老年人　　　　　　　　☐ 儿童与青少年 ☐ 在岗职工　　　　　　　☐ 外地来沪从业者 ☐ 残障人员　　　　　　　☐ 女性群体 ☑ 全体居民（无特定指向）☐ 创业群体 ☐ 其他（请详细注明）		
主要经费来源（勾选）	☐ 市级财政教育预算　　☐ 区级财政教育预算 ☑ 本单位自筹　　　　　☐ 社会资助 ☐ 其他渠道（请详细注明）		
项目联系人	崔晓光		

一、项目背景

（一）生态环境可持续发展与人类命运紧紧相连

可持续发展理念与人类未来息息相关，成为世界各国的广泛共识。环境与健康问题不仅是可持续发展的重要议题，更是影响全人类社会持续发展的重要问题。在2016年1月1日正式启动的《2030年可持续发展议程》的17个目标中，有6个目标关涉生态环境，其中，"为所有人提供水和环境卫生并对其进行可持续管理"与水生态直接相关。

我国积极推进生态环境可持续发展目标的落实，深度参与了2023年联合国水大会并提出发展倡议。就目前而言，我国仍面临着水资源总量不足、时空分布不均、水污染问题、水资源管理问题、水旱灾害频发和水利设施落后，以及全球范围内气候变化、极端天气事件增多、环境资源约束等问题，需要全社会共同关注。

（二）生态文明建设对国家发展至关重要

我国十分重视生态文明建设。党的二十大报告提出，"推动绿色发展，促进人与自然和谐共生"。在生态环境普及教育方面，2020年生态环境部发布《中国公民生态环境与健康素养》，基于"人"的角度，向社会大众宣传生态环境可持续发展观念，普及相关理念、知识、行为和技能，增强人们的生态环保意识，优化和改善人与自然的关系。

生态环境部公布的2022年中国居民环境健康素养监测结果显示，居民对空气污染、水、辐射、气候变化、海洋污染等环境健康危害科学知识的正确回答率普遍偏低，基本行为和技能的素养水平提升缓慢，反映出现阶段的素养提升工作仍然缺乏有针对性、具体化和可操作性的行为指导。

人既是生态环境的保护者、建设者，也是生态环境的受益者。生态文明建设已成为当前的重要任务，深刻关系到我国未来发展和人民生活福祉。

（三）生态环境保护是上海城市健康可持续发展的基本保障

《上海市城市总体规划（2017—2035年）》围绕上海"生态之城"建设，提出"构筑城市生态安全屏障"等相关措施，为上海迈向卓越的全球城市、实现城市健康可持续发展提供基本保障。关涉水环境发展方面，作为上海"母亲河"的黄浦江、苏州河，"一江一河"建设受到重点关注。上海水资源虽然比较丰富，但近年来随着经济发展和城市化进程的加快，也出现了河道水质恶化、河流水网萎缩、水质型缺水等现象。

　　浦东的生态环境保护和发展关乎上海整个城市的发展。随着居民对美好环境和健康生活的向往与日俱增，围绕浦东江河开展居民的社区教育服务，普及知识、增强意识、塑造行为等开展生态文明教育，成为浦东开展社区教育工作的重要内容。2021年，三林镇社区学校校长李青在联合国第五届国际学习型城市大会上代表浦东社区教育分享了《社区学校河道治理绿色课程的实践研究》案例，总结并分享了浦东生态环境教育的经验。

　　浦东本轮可持续发展教育项目继续把这些宝贵经验进行总结、提升并辐射到全区范围，以水资源的可持续发展为抓手，探索社区教育提升居民环境与健康素养的路径。本轮项目的目标：

　　1. 通过对浦东居民生态环境和健康素养的调查，了解浦东居民生态环境素养现状；

　　2. 通过开展一系列相关活动，打造浦东社区教育沿水线路的特色课程；

　　3. 通过课程和活动的设计与实施，在社区内营造爱水、节水、护水的氛围；

　　4. 在实施过程中通过与河长办等相关单位联动，共同探索社区教育跨部门合作机制，形成可借鉴的经验。

二、具体做法

　　社区居民水素养的提升是一项系统性工程，恰如水系统，由不同部分组成且始终保证系统内的循环与流动并通过反馈维持系统相对稳定与发展。浦东新区社区居民水素养提升项目通过打造"水课程＋水读本＋水生态学习点＋水视频"四个模块，形成"知识链＋学习链"，使社区居民的水素养在学习与体验中形成提升闭环。

图1　社区居民水素养提升项目

（一）群英荟萃、共商共建，研发社区居民水课程

为了满足社区居民多样化、层次性的学习需求，浦东新区社区居民水课程系列微课由社区教育教师、政府干部、高校专家、学者、民间河长、水上警察、水上运动员、水科技公司人员、自来水公司人员等参与共建。

图2　社区居民水课程

其中，社区学院为主要牵头单位和具体落实单位，负责项目的策划、组织、协调工作，在水课程的设计、主持、录制、剪辑、发布等环节发挥关键作用。政府部门、水务部门为水课程的录制进行专业把关，同时作为社区教育志愿教师参与水课程的录制，内容涵盖"城市排水与日常生活的关联""暴雨与城市内涝对居民生活的影响"等，从水与城市、水与居民的角度丰富了水课程系列。高校专家、学者为水课程提供了科学指导，录制"水体生物多样性""为什么老年人不爱喝水"等内容，对居民日常生活中的鱼虾蟹、饮用水等知识进行科普讲解，让居民在趣味横生的课程中知水、亲水。水科技公司、自来水公司等企业人员为水课程带来了更为丰富的实践视角，如"我为河湖做体检""揭秘自来水白色漂浮物的真相"等。真实有趣的实践案例增添了水课程的生命力，让居民爱水、护水。水上运动员、水警的加入，让水课程拓展到更广泛的领域，"龙舟运动""赛艇运动"让水上运动精神得到展现，社区居民在了解水上运动的同时，也能被水上运动的魅力吸

引，进而参与运动，乐水、享水。

（二）统筹协调、群策群力，编写社区居民水读本

为了推动社区居民水素养提升相关学习资源的拓展与深化，社区学院统筹各方力量，研发社区居民水读本，同时链接水课程系列微课，形成"数字课程＋纸质读物"的全面性、系统化的水学习资源链。具体而言，整合社区教育、高等教育资源，组建社区居民水读本研发工作小组，小组成员包括社区学院负责人1名、社区教育专职教师4名、高校研究人员若干，涵盖社区教育、环境教育、美术教育、教育学、心理学等多个学科，群策群力，共研共创；形成长效的研究机制，定期通过线上、线下的研讨会、交流会，对水读本的相关理论知识、专业知识进行学习和研究，对水读本的内容、版式进行设计和研发。

图3　社区居民水读本研讨

水读本的设计体现了趣味性，通过丰富的小问题、小故事、小案例，结合口语化、通俗化、接地气的内容，拉近与社区居民的距离；链接衍生知识，拓展练习、学习资源，助力居民自主学习，使水读本更具有可读性。

（三）躬行实践、宣传推广，挖掘社区居民水生态学习点

在水课程和水读本的基础上，社区学院联合浦东新区河长制办公室，打造社区居民水生态学习点，通过系列的人文行走、文化交流等研学活动，让社区居民走近水、了解水、体会水。

（四）博主带学、全民参与，共创社区居民水视频

进入数字时代，社区居民的学习越来越多发生在云端，随着短视频的兴起，社区居民偏好以短视频、小视频为主的非正式学习。基于此，在水课程、水读本和水生态学习点的网络中，引入社区居民水视频。社区教育教师化身旅行博主，通过录制视频，记录其在水课程、水读本、水生态人文行走当中的所见、所学、所闻、所感，分享知识经验和体会感受，通过视频号、公众号等平台进行分享。社区居民通过观看水视频识水知水，通过评论、点赞等方式参与水视频的互动。居民还踊跃报名参与水视频博主行列，投稿分享自己的水视频，辐射更大范围，打破水课程、水读本和水生态学习点在时间和空间上的限制。正如西蒙斯的联通主义学习观将学习建立在各种"节点"和"网络"之上①，本项目建立了"水课程 + 水读本 + 水生态学习点 + 水视频"的四位一体的社区居民水素养提升知识链和学习链。

三、项目成效

（一）组建了教育联盟

本项目坚持以居民的学习需求为导向，形成了由教育部门、水务部门、公安部门、企业、高校等组成的社区居民水教育联盟，多方合力为居民的水素养提升提供优质的学习资源，实现资源整合和共享，不断增强项目的影响力。涓涓细流，汇聚成洋，水教育联盟的组建，为成员提供了一个长效稳定的水生态项目交流合作平台，形成合力，持续发展。联盟以"河流"链接起不同行业，如浦东女性人才促进会、上海交界文化艺术机构、1.5DO 气候创新实验室、上海自然博物馆、中建八局城市更新中心、浦东新区社区学院、鹤丰农庄等，成员通过主题沙龙，从空间艺术审美、城市更新、气候创新实验、生态小流域、居民生态素养提升、中华鲟江海洄游、人与自然和谐共生等角度畅谈对水生态环境提升、环境保护、可持续发展以及社会文明进步发展的心得和见解。在交流与对话中，新思想和新方案不断生成，为社区居民水素养提升项目注入新的活力。

---

① 王佑镁，祝智庭 . 从联结主义到联通主义：学习理论的新取向［J］. 中国电化教育，2006（3）：5-9.

图4　浦东水生态研究公益联盟

（二）创建了学习资源

本项目通过水课程开发、水读本研发、水生态学习点挖掘和水视频制作，不仅创建了线上的水学习资源，而且拓展了线下水学习空间，形成了线上线下融合的水生态学习资源圈，为社区居民提供了丰富多样的水生态学习知识，激发了居民水生态学习兴趣，提高了学习效果。

（三）融通了线上线下

本项目形成了线上线下融合的水教育形态。水课程通过线上平台推送，居民可以随时随地学习，根据自己的需求和进度进行调整，实现课程学习的个性化、自主化。线上课程学习可以通过大数据观测，实现对居民素养的评价与管理，有助于项目的可持续发展。线下水生态学习点为居民提供沉浸式、互动性强、氛围浓厚的共同学习和讨论环境，提高学习效果。线上线下资源相互补充，形成完整的水教育生态。

四、项目的创新性与可推广性

可持续发展为人类和地球建设一个具有包容性、可持续性和韧性的未来而共同努力。联合国可持续发展目标6强调为所有人提供水和环境卫生并对其进行可持续管理。[1]报告显示，截至2018年，全球有近50%的国家在实施"综合水资源管理"全球框架方面不尽如人意，离2030年的实施目标还有很大距离。[2]在社区层面推进和落实可持续发展教育是联合国教科文组织的重要工作点，通过教育手段提升居

---

[1]　参见联合国官网。

[2]　UN. Sustainable Development Goals 2020［R］. New York：Department of Economic and Social Affairs，2020：37，24.

民的水素养、促进水环境的整体治理势在必行。浦东新区居民水素养项目的推广，对营造水美人和的环境具有重要的借鉴和推广意义。

（一）项目主体的多元化：水的可持续发展教育联盟

"可持续发展教育 2030"将17项可持续发展目标充分融入5个优先行动领域当中，使各利益相关者履行各自的职责，共同推进可持续发展教育。[①] 这一行动目标的实现离不开多部门间的协同与合作。浦东新区社区学院的居民水素养提升项目搭建了涵盖教育、水务、公安、企业、高校等部门在内的水素养教育联盟，共同作为项目主体推进项目的整体运行，通过有效组织、有效参与和有效互动，为居民提供多样可选的水教育资源。正如朗格朗终身教育思想中所阐述的整体推进的理念[②]，通过联合各社会要素，推动人的持续全面发展，继而推进社会的可持续发展。

（二）项目过程的闭环性：四位一体的水素养教育内容

随着终身教育理念和数字教育实践的广泛推进，联通主义学习理论得到普遍发展，被认可为数字时代的学习理论。联通主义学习理论强调学习和知识的网络分布性，学习发生在网络和节点中，学习让知识流通，通过学习者与教师以及与学习内容之间的交互，让知识动态增长。[③] 学习不是独立的、静止的，而应当是联通的、流动的。本项目建设了水视频、水课程、水生态学习点、水读本，让学习者进入水生态教育的闭环，社区居民可以收获知水、喝水、用水的相关知识，可以体验水清、岸绿、景美的生态环境，可以感悟亲水、乐水、享水的心灵美好。通过线上线下的全方位交互，实现从知识链到学习链的转换，有效提升社区居民的水素养。

（三）项目参与的沉浸式：全民投稿的水教育资源建设

沉浸式、体验式学习能够使学习者体现内在价值、焕发生命活力。以学习者为中心的学习，能够在有意识思考各种经验的基础上发展知识、技能和态度。[④] 本项目设计突出"体验"和"学习"，如"水生态学习点"的设计突破了"人文行走""巡河"观念，加入"学习""感悟""思考"元素，将"寓教于乐"水生态体验活动与居民个人水素养方面提升相结合。居民在行走当中，感受河道两岸的自

① 朱敏，匡颖，张伶俐，等．"可持续发展教育2030"实施框架解析及我国行动建议［J］．成人教育，2023，43（8）：11-17.
② 蒋亦璐．学习型城市建设：理之源与行之路的探索［D］．上海：华东师范大学，2016.
③ 王志军，陈丽．联通主义学习理论及其最新进展［J］．开放教育研究，2014，20（5）：11-28.
④ 王嘉毅，李志厚．论体验学习［J］．教育理论与实践，2004（23）：44-47.

然、人文风景，结合水生态的知识、理念，将所见所闻所感通过短视频的方式拍摄和剪辑下来，形成新的知识生长点。通过对水环境的具身体验，产生对水环境认知、情感、行为上的改变，形成水素养深层次、持续性的提升。

联合国第八任秘书长潘基文指出，可持续发展目标是人类的共同愿景，既是一份造福人类和地球的行动清单，也是谋求取得成功的一幅蓝图。可持续发展教育与人类命运息息相关，与地球生态呼吸与共。浦东新区社区学院水素养提升项目，为社区居民赋能，致力于居民水素养的积极变化，唤起水环境的有效治理，服务于水美人和的可持续发展愿景。

5 绿色碳迹：科学"碳"索，"气"向未来

——应对气候变化的社区教育实践与探索

李秋菊　王莹

［浦东新区南汇新城镇社区（老年）学校、上海交通大学中英国际低碳学院］

案例概况

项目名称	绿色碳迹：科学"碳"索，"气"向未来——应对气候变化的社区教育实践与探索		
项目实施机构	上海市浦东新区南汇新城镇社区（老年）学校		
所属行政区	浦东新区南汇新城镇		
核心合作 / 支持单位	上海交通大学中英国际低碳学院		
项目运作时间	2023年5月	项目结束时间	2024年5月
项目拟解决的关键问题	引导全民实践，鼓励动员全民广泛参与生态领域的绿色行动，增强节约意识、生态意识、绿色生活意识，把绿色低碳理念转化为全民自觉行动，提高全民参与绿色低碳发展的积极性；提升民众对应对气候变化与节能低碳内涵的把握，通过线上线下对群众进行科普，有效促进公众对节能低碳理念的关注和理解		
对应的可持续发展目标 / 领域（勾选）	☐ 社区健康教育　　☑ 社区环境教育	☐ 社区和谐发展　　☐ 社区职业能力	
主要服务对象群体（勾选）	☑ 老年人　　☐ 在岗职工　　☐ 残障人员　　☑ 全体居民（无特定指向）　　☐ 其他（请详细注明）	☑ 儿童与青少年　　☐ 外地来沪从业者　　☐ 女性群体　　☐ 创业群体	
主要经费来源（勾选）	☐ 市级财政教育预算　　☑ 本单位自筹　　☐ 其他渠道（请详细注明）	☐ 区级财政教育预算　　☐ 社会资助	
项目联系人	李秋菊　　王莹		

一、项目背景

（一）社会背景

我们生活在碳的世界中，碳元素是生物体和化石能源的主要成分。工业革命以来，化石燃料燃烧和土地利用等人类活动导致了全球变暖，气候变化对自然生态和社会产生深刻影响。随着对气候问题关注度的上升，应对气候变化成为全球潮流。

在习近平总书记领导下，我国积极应对气候变化，推动绿色低碳发展，成为全球生态文明建设的关键参与者。上海作为重要一线城市和自由贸易试验区，自2011年开始在多区域实施低碳发展实践区试点工作，其中，临港新片区以科技引领低碳发展。中国（上海）自由贸易试验区临港新片区加入全球学习型城市网络，积极开展气候变化教育特别项目。

（二）项目缘起与社区参与

2023年，临港新片区管理委员会印发《中国（上海）自由贸易试验区临港新片区生态领域绿色低碳发展实施方案》，引导、鼓励全民广泛参与绿色行动，形成绿色低碳生活方式。方案明确加强低碳理论研究和科普宣传，提升民众对节能低碳内涵的认识，促进公众的关注和理解。推动生态文明建设，需要不断提升对气候规律的认识水平和把握能力，坚持趋利避害并举、适应和减缓并重，以气候承载力为基础，主动顺应气候规律，合理开发和保护气候资源，科学应对气候变化，大力推进绿色发展、循环发展、低碳发展，科学有效防御气象灾害，着力改善大气环境质量，保障气候安全，促进人与自然和谐、经济社会与资源环境协调发展。在此背景下，南汇新城镇社区（老年）学校参与其中，精心打造社区可持续发展教育项目，提升公众对气候规律的认知，助力绿色发展、循环发展、低碳发展。

二、具体做法

本项目聚焦"社区促进市民适应气候变化、减缓气候变化"主题，面向市民，以社区学校、老年学校为基地，开展气候变化教育活动。南汇新城镇社区（老年）学校携手上海交通大学中英国际低碳学院共同策划"科学'碳'索，'气'向未来——应对气候变化与低碳发展科普进社区主题活动"。具体做法如下。

（一）激发居民生态情怀，提升个体生态素养

上海市生态环境保护"十四五"规划和《上海市适应气候变化行动方案（2023—2035年）》着力推动经济高质量发展与生态环境高水平保护，建设更可持续的韧性生态之城。项目以深入了解气候变化背景和应对策略为基础，通过讲座、手工坊和实地考察等多样化教育活动，唤醒社区居民的生态情怀，深化对气候变化的理解，提升个体生态素养，培养居民的环境责任感，使其更关注生态平衡和资源的合理利用。项目注重关注居民的实际生活需求，确保提供的信息和培训内容贴近居民的日常生活，促使理论知识在实际行动中得以贯彻。通过这一综合性项目，南汇新城镇社区学校积极为打造更加环保、可持续的城市做出有益的贡献。

图1　应对气候变化与低碳发展科普进社区主题活动

（二）引领社区共建，促进多方交流

积极引领社区共建，与高校和企业界合作，精心设计多元化的气候变化教育课程。通过多方联动，项目在区域内取得了实质性的成果。特别是与高校、企业、居委学习点联动，开展"'D'碳生活 向'0'出发"低碳市集、家电节能科普等系列活动，强调社区共建新城绿色低碳发展理念。

图2　居委学习点开展"'D'碳生活 向'0'出发"低碳市集活动

项目充分整合多元资源，将社区共建理念融入研学课程中，使气候变化教育更加贴近社区居民的需求，同时针对社区不同人群和领域传授专业知识，为实现"社区促进市民适应气候变化、减缓气候变化"的愿景目标贡献积极力量。这种跨界合作不仅拓宽了社区居民的知识视野，而且促使更多市民参与到气候变化应对实践中，共同为可持续的未来努力。这一社区共建的理念使教育更加立体，在更广泛的范围内推动可持续发展进程。

（三）有机融合科普与实践

项目有机融合最新低碳科技和虚拟实境技术，为社区居民提供参观可再生能源、零碳园等实地体验的机会，深入了解低碳科技成果以及城市可持续发展建设规划。通过社区手工制作和实验实践活动，项目成功将科普与实际体验相结合，为社区居民提供了更直观、生动的学习体验。

图3　应对气候变化与低碳发展企业研学活动

　　气候变化科普知识竞赛是项目的另一形式，通过知识竞赛和卡片游戏，轻松传递气候变化知识。颁发奖励和证书不仅激发了居民参与的积极性，而且增强了学习的趣味性。项目将气候变化、低碳科普知识与临港实际及能源领域前沿科技相结合，使社区居民在参与中更深刻地理解气候变化，形成可持续的生活方式。这一多元化的教育手段既提高了居民的学习兴趣，也推动了社区的可持续发展。

表1　"科学'碳'索，'气'向未来"项目主题内容

主题	做法	教育内容	总结
低碳能源	1.科普课堂：张振东副教授讲授《应对气候变化背景下的低碳能源发展趋势》 2.研学课堂：实地参观临港弘博新能源 3.实践课堂：知识竞赛、制作小小气象站模型	气候变化对能源需求的影响，清晰了解低碳能源在对抗气候变化中的作用	通过专业的科普、实地考察和实践，社区居民对低碳能源有系统认知，为深层次学习奠定基础
废弃物资源化	1.科普课堂：李佳副教授讲授《电子废弃物资源化技术》 2.研学课堂：参观上海垃圾科普展示馆 3.实践课堂：知识竞赛、制作桌面吸尘器	废弃物对气候变化的影响，学会废弃物资源化技术与低碳环保的关系	通过多层次学习，社区居民认识到废弃物分类与资源化利用的重要性，为实际行动提供支持

续表

主题	做法	教育内容	总结
低碳生活	1. 科普讲座：高校教授解析温室效应、海洋垃圾等 2. 行为引导：促进实际行为改变 3. 特色融入：将低碳理念与临港特色结合	低碳生活对气候变化的积极影响，认识到个体行为对气候的改变有着重要作用	多元学习方式使社区居民接触到低碳生活的多个方面，增强认知，促进实际行为改变
低碳科技	1. 科普课堂：董雪副教授分享碳中和发展现状及案例 2. 企业研学：参观无人驾驶实验室 3. 实践课堂：制作低碳智能机器人	低碳科技对气候变化的解决方案，了解碳中和技术及无人驾驶在降低碳排放中的应用	社区居民通过科普、企业研学和实践课程深入了解碳中和发展和无人驾驶技术，激发对科技创新的兴趣

表2　应对气候变化与低碳科普教育资源案例

项目内容	创新点	活动形式
虚拟实境研学之旅	集结最新低碳科技及虚拟实境，参观可再生能源、零碳园，参与气候变化体验	走进新能源企业、科普展示馆，学习低碳科技成果及城市可持续发展建设规划展示
社区手工实践活动	结合手工制作、实验等互动环节，深入理解气候变化	在学校、社区场所组织手工活动，通过制作模型、实验等引导学习
气候变化科普知识竞赛	结合知识竞赛、卡片游戏方式，轻松传递气候变化知识，颁发奖励和证书	活动中设置游戏区域，参与科普卡片游戏

图4　应对气候变化教育与低碳科普手工实践活动

（四）整合课程与行动，推动社区气候变化教育

依托上海交通大学中英国际低碳学院的碳达峰碳中和领域专业知识，项目设计了涵盖气候变化基础知识、低碳发展理念与技术、社区参与与行动、实践与案例分享的综合课程体系。四个模块以应对气候变化为主题，通过社区教育研学活动将课程融入实际情境，提高市民的认知水平，培养环保意识和可持续发展观念。同时，项目积极发起社区气候变化适应与减缓的行动方案，强调社区在气候变化中的关键作用，通过可持续生活方式的宣导，提倡低碳饮食、垃圾减量、绿色环保等实际行动，引导市民减少碳足迹。这种整合使得项目既有理论知识得到传递，又能通过实际行动推动社区气候变化教育的深入开展。

图5　应对气候变化与低碳发展科普课堂

表 3   应对气候变化与低碳发展的课程体系

模块内容	课程体系	涉及知识内容
气候变化基础知识	气候变化概述	介绍气候变化的定义、原因和主要影响，分析全球气温变化趋势和极端天气事件
	温室气体与碳排放	解释温室气体的种类和作用，探讨人类活动导致的碳排放对气候变化的影响
	气候变化的生态系统影响	研究气候变化对生态系统、物种和生物多样性的影响，探讨生态系统调适和适应气候变化的方法
低碳发展理念与技术	低碳发展概念	介绍低碳发展的基本概念和背景，探讨低碳经济、低碳社会的理念和目标
	清洁能源技术	分析太阳能、风能、水能等清洁能源的原理和应用，讨论可再生能源在低碳发展中的作用
	节能与碳减排技术	探讨节能技术和碳减排策略，分析可持续发展相关创新技术
社区参与与行动	社区气候变化适应与减缓	强调社区在气候变化适应和减缓中的重要作用，探讨社区层面的气候行动方案
	可持续生活方式	提倡可持续生活方式，包括低碳饮食、垃圾减量、绿色购物等，分析个体行为对环境的影响
	社会变革与政策制定	讨论社会变革和政策制定在低碳发展中的作用，引导市民了解政策并参与推动环境友好发展
实践与案例分享	气候变化与低碳发展实践	设计学员广泛参与的实践项目，如植树、垃圾分类、能源节约等，结合社区实际情况，提供实践机会
	合作与经验分享	分享全球气候变化应对和低碳发展的经验，推动联动交流合作

三、项目成效

　　学校联合上海交通大学中英国际低碳学院开展气候变化教育与低碳科普进社区系列活动，帮助社区居民理解气候变化知识，提高生态素养，积极助力构建人与自然和谐共生的现代化社区。通过多方联动、合理设计、社区多元参与、科学实践、创新教育方式和实践，项目取得了一定的实践成效，主要体现在认知提升、行为改变、搭建平台、多层面交流等方面。

　　认知提升：设计了应对气候变化与低碳发展科普教育课程10多门，通过科普课堂、研学课堂、实践课堂系列科普教育课程，参与前沿科普讲座和实践参观，这种互动式、实践性的教育方式丰富了参与者的知识储备和对气候变化的深刻理解。活动为社区居民提供了与高校专家面对面交流的机会，拉近了科学知识与实际生活的距离，进一步提升了社区居民的科学素养。

　　行为改变：探索碳中和与社区教育的融合，引导了积极的行为改变。通过研学活动，学员具身体验到低碳科技的影响，不仅提高了对气候变化的认知水平，还在行为层面做出了积极的改变，逐渐养成了低碳、环保的生活方式，为社区的可持续发展注入了新的动力。

图6 "科学'碳'索，'气'向未来"项目企业研学活动

搭建平台：项目联合政府、高校、企业等多方资源，搭建了信息共享平台，推动协同合作，促进各方资源的共享，为社区居民提供了更多参与社区教育的机会。这种跨界合作不仅带动了社区内外的协同发展，也为未来相应项目提供了有力的合作基础。

多层面交流：南汇新城镇积极参与和加入上海第一届"学校家庭社会协同开展气候变化教育"研讨会及全球学习型城市网络，通过学术研讨、交流对话，分享气候变化教育项目经验，提升项目影响力，同时汲取其他城市的先进理念，为南汇新城在气候变化教育领域的发展提供新的思路和启示。

图7　南汇新城镇应对气候变化教育与低碳发展案例分享

四、项目的创新性与可推广性

（一）项目创新性

1. 多方联合参与

项目实现了政府、社区、企业、高校多方联合参与，极大地增加了活动的丰富程度。这种全方位合作模式为社区居民提供了更广泛的学习资源和机会，融通教育资源，探索建立社区可持续发展教育新模式。

2. 打造专业化科普课程

项目依托高校支持，提供专业化、系统性的低碳科普课程，涵盖碳金融、新能源、智慧能源、废弃物资源化、碳捕集利用与贮存五大领域知识，为居民传递最前沿的可持续发展理念，突破了传统科普的领域局限，提升了社区居民的专业知识水平。

（二）实践课堂的丰富化

1. 趣味实践活动设计

项目设计了丰富、充满趣味的低碳实践课堂，通过有奖问答、手工实践等方式，激发参与者的学习兴趣。回收塑料瓶自制桌面吸尘器和小小气象站模型等寓教于乐的活动，使低碳理念更具趣味性，深入人心，培养了参与者的实际操作能力。

2. 多层次参访交流

引入企业参访，进行了多层次、跨领域的低碳参访交流活动，增加了活动的层次性和交叉性，从不同领域视角提升了社区居民对低碳生活和可持续发展的认知和能力。

（三）跨学科融合与多元教学方法

1. 跨学科融合

项目设计主题涉及气候变化、绿色发展、低碳科技等多个领域，通过科普授课、实验互动、问答竞赛、企业参访等多样的活动形式，促使学生形成全面认知。实地交流和互动让学生切身感受到气候变化和低碳科技的影响，促进对理论知识的深刻理解。

2. 多元教学方法

引入虚拟实验、手工操作、互动讲座等多元化教学手段，激发学生对未来绿色科技的兴趣，培养创新精神和科技实践能力。项目资源齐全，满足不同层次和年龄段居民的低碳学习需求，为未来绿色发展培养具有广阔视野和实践经验的人才。

（四）可持续教育与区域融入

结合临港新片区的特色和中英国际低碳学院的学科优势，项目融入当地低碳企业资源，将气候变化教育与低碳科普实践融入社区，推动学生在社区层面参与环保行动，促使可持续发展理念在实际生活中得以推广。

在碳达峰碳中和大背景下，南汇新城镇社区（老年）学校"科学'碳'索，'气'

向未来"社区教育项目在应对气候变化战略中贯彻了"绿水青山就是金山银山"的绿色发展理念，助力打造区域生态文明。通过提升气候变化教育项目开发水平，积极参与全球气候变化教育的合作与交流，为气候变化事业做出积极努力，助力推动新城镇社区迈向更高水平的现代化。

图8　气候变化教育与低碳科普实践研学活动

主要参考文献

［1］《生态环境系统应对气候变化专题培训教材》编委会.生态环境系统应对气候变化专题培训教材［M］.北京：环境科学出版社，2019.

［2］张沁.碳素养与低碳生活［M］.北京：中国环境出版集团，2024.

［3］杨萌.关注气候变化，落实环境教育：中国气候变化教育项目侧记［J］.环境教育，2018（5）.

［4］郑军，刘婷.主要发达国家碳达峰碳中和的实践经验及对中国的启示［J］.中国环境管理，2023，15（4）.

［5］上海市师资培训中心.气候变化与环境保护［M］.上海：上海教育出版社，2020.

［6］白潞.给孩子讲碳中和［M］.兰州：甘肃文化出版社，2022.

［7］王文，刘锦涛，赵越.碳中和与中国未来［M］.北京：北京师范大学出版社，2022.

6 做"绿色使者"建"美好家园"

——新桥镇庭院文化绿色教育课程建设

孙秀华

（松江区新桥镇社区学校）

案例概况

项目名称	做"绿色使者"建"美好家园"——新桥镇庭院文化绿色教育课程建设		
项目实施机构	上海市松江区新桥镇社区学校		
所属行政区	松江区		
核心合作 / 支持单位	上海农林职业技术学院		
项目运作时间	2022年1月	项目结束时间	2023年12月
项目拟解决的关键问题	随着城镇化的推进，新桥人民的居住条件得到很大改善，大部分居民家中都拥有面积可观的室外庭院或阳台，大家迫切希望打造优美的庭院和舒适的室内环境来丰富自己的精神生活		
对应的可持续发展目标 / 领域（勾选）	☐ 社区健康教育　　　　☐ 社区和谐发展 ☑ 社区环境教育　　　　☐ 社区职业能力		
主要服务对象群体（勾选）	☐ 老年人　　　　　　　　☐ 儿童与青少年 ☐ 在岗职工　　　　　　　☐ 外地来沪从业者 ☐ 残障人员　　　　　　　☐ 女性群体 ☑ 全体居民（无特定指向）☐ 创业群体 ☐ 其他（请详细注明）		
主要经费来源（勾选）	☐ 市级财政教育预算　　　☑ 区级财政教育预算 ☐ 本单位自筹　　　　　　☐ 社会资助 ☐ 其他渠道（请详细注明）		
项目联系人	孙秀华		

一、项目背景

（一）国家政策导向

党的十六届五中全会提出建设社会主义新农村的重大历史任务，其中包括"乡风文明、村容整洁、管理民主"等具体要求。党的十九大报告提出乡村振兴战略，其中也包括"生态宜居、乡风文明、治理有效"等要求。实施乡村振兴战略、建设美丽乡村的关键都在于人的培养，根本在于教育，社区学校责无旁贷。

（二）社区居民需求

新桥镇位于松江区东北部，是一个物阜民丰、人杰地灵的小镇。作为G60科创走廊的主阵地和桥头堡，新桥镇以"千里走廊第一镇"自我定位，着力打造"科创、宜居、美丽、平安、幸福"的新桥。近几年，随着城镇化建设的推进，新桥人民的居住条件得到很大改善，大部分居民家中都拥有面积可观的室外庭院或阳台。居住条件的提升也带来了市民学习需求的改变，大家迫切希望打造优美的庭院和舒适的室内环境来丰富自己的精神生活。

（三）区域资源优势

首先，新桥镇社区学校除拥有1500多平方米的室内专用教室，还拥有近1000平方米的户外露台，可适用于园艺类实操课程。其次，上海农林职业技术学院位于松江区，专精于农林种植类培训。作为一所以现代都市农业为特色的高等院校，雄厚的师资团队及丰富的课程储备可以弥补社区学校存在的专业师资不足问题。最后，新桥镇作为G60科创走廊的"桥头堡"，始终坚持以高品质生态环境支撑高质量发展，推动人与自然和谐共生。新桥镇社区学校立足区域发展实际，结合街镇发展和市民学习需求，充分整合社区教育资源，通过"美丽庭院"绿色课程的开发，希望为市民日益增长的对周边环境的更高层次建设需求提供学习支持，服务街镇环境建设。

二、具体做法

（一）调研需求，明确项目建设方向

通过个别访谈、问卷调查等方式，学校采集了街镇市民对"美丽庭院"建设的学习需求，并以此为依据设计开发系列绿色课程。

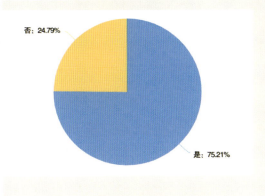

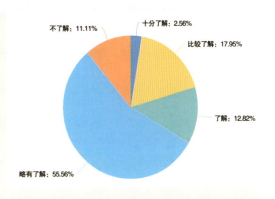

图1 居民园艺种植经历调查   图2 市民家庭园艺技能知识储备情况

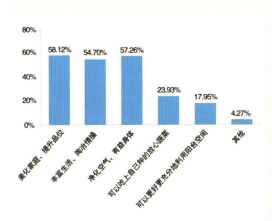

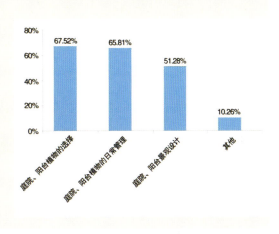

图3 市民庭院种植目的   图4 市民园艺学习内容需求

调查结果显示：75.21% 的受访人员有阳台、庭院种植经历，说明社区居民对于庭院种植有很好的基础和接受度；55.56% 的人员对家庭园艺略有了解，进行家庭种植的目的集中在 "美化家庭、提升品位" "丰富生活、陶冶情操" "净化空气、有益身体" 等方面；另有23.93% 的人是为了吃上自己种的放心蔬菜。在关于开展 "美丽庭院" 学习内容的征询题中，67.52% 的居民关注点集中在庭院植物的选择、日常管理以及景观设计等方面，从而提升审美能力和生活情趣。由此可见，随着生活水平的提高，市民对生活的追求越发提升，庭院建设与文化生活融合，有需求、有市场。

"美丽庭院" 项目以市民对生活环境高层次建设的需求为切入点，从市民学习意愿比较集中的板块入手，将内容锁定为，积极挖掘审美与生活之间的关系，引导市民在学习中掌握庭院设计规划、家庭园艺种植技能，体会庭院文化的内在魅力，满足市民美化家庭居住环境的愿望，享受庭院生活之美。

（二）多方联动，构建长效联动机制

为促进社区教育内涵发展，新桥镇社区学校积极与镇政府、市农林学院、镇中心幼儿园、新桥学校等相关部门、单位进行沟通，成立专门的项目工作小组，制订工作计划，明确职责与分工，形成社区学校与各部门、各单位之间的双向联动通道，在协同打造社区"美丽庭院"项目方面达成共识，逐步形成"美丽庭院"项目开发与实施的长效联动机制。新桥镇社区学校是本项目的主要组织者，负责项目的整体策划和资源的开发整合；市农林学院负责项目的技术支撑；幼儿园、中小学是项目活动的参与者，负责项目的组织和推进；政府各部门（妇联、工会、老年协会、镇文明办等），以及社会各界有特色、有服务热情的组织及个人，为项目提供场地、专业知识的支撑以及负责宣传、推广等工作。

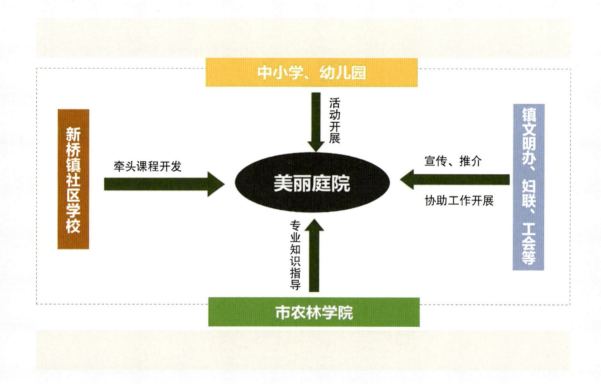

图5　项目联动机制示意图

（三）组建队伍，研发课程实施方案

学校"内修功力，外请专家"，精心组建多支队伍，确保美丽庭院项目的课程质量和各项教育教学活动有序开展。一是组建课程研发队伍，由社区学校、农林学院专职教师组成，联合编写课程大纲；二是组建园艺讲师团，聘请农林学院园艺

种植系、园林设计系的教师进行系统授课、开展专题讲座；三是组建园艺助学队伍，邀请大学生志愿者进校园、进社区、进基地，为学习者开展实操结对指导；四是挖掘社区园艺达人组建园艺推进队伍，宣传、推广、分享学习经验，带动周边市民积极参与"美丽庭院"建设活动。每支队伍各有分工，又互为补充。

表 1 "美丽庭院"队伍建设及分工安排

序号	队伍名称	成员组成	负责事项
1	课程研发队伍	社区学校、农林学院专职教师	编写课程大纲
2	园艺讲师团	农林学院园艺种植系、园林设计系教师	系统授课、开展专题讲座
3	园艺助学队伍	大学生志愿者	进校园、进社区、进基地，为学习者开展实操结对指导
4	园艺推进队伍	社区园艺达人	宣传、推广、分享学习经验，带动周边市民积极参与"美丽庭院"建设活动

（四）打造基地，助力项目纵深发展

园艺类课程的学习，需要专业的基础理论知识，离不开具体的实践操作。为提升学习效果，加强学习体验，学校内挖本部资源，外借区域优势，在课堂教学之外，积极拓展学习形式，着力打造三大实践基地：一是依托农林学院，在五库开放一个市民园艺共享基地，借助高校现有场地和专业设施设备，组织引导市民参观、体验、实训；二是依托学校现有环境优势，在学校本部建设一个校内园艺实训基地，为学习者提供实践场所，培养一批骨干学员，同时为农林学院的学生参与社会活动、开展园艺实践提供场地；三是选取热心公益、愿意奉献且成绩优异的学员代表参与建设园艺社区实训点，以点带面，形成辐射效应，普及园艺知识和技能。三类基地的建设，有效构建起美丽庭院项目的社区学习经纬网，方便市民就近便捷自主选择。

三、项目成效

（一）满足市民审美需求，提升社区生活品质

1. 培养了审美意识，提升了园艺种植技能

随着社会快速发展，人们对于居住环境的要求和期望越来越高。美丽庭院系列绿色课程以庭院建设为抓手，从生活美学的角度，引导市民通过学习庭院设计、庭院种植、庭院美化等内容逐步提升审美意识和对美的欣赏能力。通过实践创作，将家居庭院与园艺栽培有机结合，布置和设计花园或阳台空间，让庭院有四季景致的更迭，在细节处展示主人的文化底蕴，让生活于庭院的人们感受生活的美好，成为美好生活的创造者。

2. 提升了社区美观度，改善了环境质量

项目帮助市民打造富有特色、蕴含个人品位的庭院，实现"一户庭院就是一处风景"的实施愿景。同时以"典型引领、以点带面、逐步推进"的工作思路，评选新桥镇"十大最美庭院"，以评促建，提高街镇市民学习热情。有市民表示："自从学习了家庭园艺后，懂得了不同植物的习性和种植技巧，我家的小花园现在四季都有不同的美景，朋友们都特别乐意来我家赏景、品茶。"有学员说："我跟着老师学，自己还尝试把蔬菜和花卉进行套种，我家的院子既有美景又有美食，我感觉自己越来越厉害了。"

学习改变了市民的生活，"小环境"的改善对社区"大环境"也产生了积极影响。新东苑是一个动迁安置小区，居民多为本地原住民，前期居民毁绿种菜的现象一直困扰着居委会工作人员，"美丽庭院"项目实施后，看到学员通过学习将自己的院子建设得整洁、美观又有品位，陆续有市民开始了行动和改变，假以时日，该社区的环境会有质的飞跃。

3. 激发了居民环境保护和可持续发展意识

借助校内水培基地，开发了生态环保相关课程内容，引导市民关注生态种植、生态系统和可持续生活方式，通过建立社区生态种植实践点，组织市民开展体验学习，逐步培养市民的环保意识和可持续行为习惯，为社区的可持续发展做出贡献。

（二）打通多方联动通道，搭建稳定合作模式

经过有效沟通与协商，社区学校联合各方逐步搭建起了社区居民需求导向的资源共享平台，形成了较为稳定的多方合作模式。

1.打通校际合作壁垒，建立项目建设师资库

本项目实施以来，充分借助高校人才资源、课程资源以及场馆资源，弥补社区学校专业教育资源的不足，建成了"美丽庭院"课程研发团队，"美丽庭院"园艺讲师团为社区居民提供量身定制的社区教育服务，也使得高校教育资源优势得到充分发挥，为在校大学生社会实践提供平台，盘活教育资源，实现合作共赢。

表2 "美丽庭院"课程研发团队师资库

序号	姓名	单位	职务
1	孙××	新桥成校	校长
2	沈××	新桥成校	事业办主任
3	宋××	新桥成校	科研专管员
4	赵××	新桥成校	师训负责人
5	游××	农林学院	植科系书记
6	张×	农林学院	园林系负责人
7	陈××	农林学院	园艺种植系专业教师

表3 "美丽庭院"园艺讲师团成员

序号	姓名	专业特长	主要工作内容
1	陈××	园艺种植	长班授课
2	张×	园林设计规划	线上、线下讲座、指导
3	胡××	园艺活动策划	活动设计、指导
4	游××	育苗、造景	策划、讲座
5	许×	园艺种植实践	基地实操指导
6	刘×	植物科学	讲座、培训、实践指导

2.打通校社合作通道，构建"1+1+2+3+N"项目服务框架

积极整合辖区内的优质教育资源，逐步构建"1+1+2+3+N"的项目服务框架，形成合力，共同服务街镇市民。其中，第一个"1"为社区学校，是本项目的主要组织者，负责项目的整体策划和资源的开发整合；第二个"1"为农林学院，负责项目的技术支撑；"2"为1所幼儿园、1所中（小）学，是项目活动的参与者，负责项目的组织和推进；"3"为"市民园艺共享基地""校内园艺实训基地""园艺社区实训点"三大实践基地，为项目的顺利开展在实践、展示方面提供场地保障；"N"是妇联、工会、老年协会、镇文明办等政府各部门，以及社会各界有特色、有服务热情的组织及个人，为项目提供场地、专业知识技术支撑，负责宣传、推广等工作。

（三）培育绿色课程，丰富社区教育资源

课程是教育实施的载体，美丽庭院绿色课程的开发建设能够有效提升社区教育教学质量水平。学校积极打造"美丽庭院"系列绿色课程，填补了学校现有课程的空白，丰富了社区教育课程体系，同时有利于提高社区居民的生活质量，增强市民文化素养和技能水平，促进社区和谐发展。

表4　"美丽庭院"系列绿色课程大纲

课程名称	对象	课程性质	备注
小小植物园	幼儿园学生	本课程属于园艺趣味课程，通过选择适合幼儿种植的无毒无刺的绿植、花卉，围绕四季种植，帮助孩子们认识不同的种子、观察植物生长，让孩子在观察体验中建立起与大自然的联系，感受四季交替中自然世界中植物鲜活的生命图景	8~10课时
探秘植物	中小学在校学生	以理论与实践相结合的方式，让孩子们了解不同植物的生长习性，分类学习植物的种植技能	8~10课时
家庭园艺种植	社区各类人群	依托实践基地，理论与实践相结合，分类开展阳台、庭院植物的选择、种植、养护技能，帮助市民掌握家庭园艺种植知识	8~10课时
家庭水培	社区各类人群	水培植物的选择、种植技能的学习	16~20课时

续表

课程名称	对象	课程性质	备注
庭院布景	社区各类人群	本课程着重关注学习者基本园艺技术与设计方面需求，了解园艺需要的基础知识与植物属性，结合典型花园案例和国内外园艺改造实例进行分析学习，指导学习者掌握不同主题的园艺设计风格，学员可结合自身需求，打造自家花园，在学习中丰富生活、享受生活	10课时
庭院时光	社区各类人群	本课程从生活美学的角度，引导市民关注庭院艺术、庭院文化等，让庭院不仅有着四季景致的变更，更能在细节处展示主人的文化底蕴，让庭院成为人们安放心灵的舒适空间，书写人生精彩的诗意家园，让生活于庭院的人们感受生活的美好，成为美好生活的创造者	8~10课时

（四）打造社区教育阵地，拓展社区教育途径

为社区居民提供真实的学习情境及充足的实践机会，以做中学、学中做的形式提升社区教育效能，通过打造"1+1+N"个美丽庭院实训基地、实训点，方便社区居民就近学习，扩大社区教育受众群体。

表5 学习阵地建设统计表

基地名称	学习设施	学习内容
市民园艺共享基地	植物工厂、庭院景观设计区、园艺种植园	各类植物、蔬菜以及庭院景观等学习观摩、实践
校内实践基地	水培基地、阳台花卉种植基地	水培植物、庭院植物、花卉种植实践

续表

社区园艺实训点（9个）	
所属社区	社区学习实训点、团队
春莘居委会	周老师庭院小菜园学习团队
明华居委会	陈姐姐庭院花卉学习团队
潘家浜居委会	怡心园园艺实训点（庭院盆景学习团队）
场东居委会	黄老师学习团队
白马居委会	庭院花卉团队
新东苑居委会	管大姐果树种植学习团队
新乐居委会	肖姐阳台种植小团队
明兴居委会	沈姐姐庭院布景学习团队

（五）丰富项目教育内容，提高社区教育服务能级

"美丽庭院"项目建设以来，学校从教育内容以及方法的多样性上下功夫，努力实现项目绿色课程知识性、趣味性、适用性有机结合，积极推进线上线下融合教学，不断扩大受众群体，扩大项目活动的覆盖面，提升项目影响力。截至目前，已有3306人次参与学习活动，在社会各界引发较好反响。

表6   "美丽庭院"学习活动汇总表（2022年3月—2023年6月）

学习形式	学习内容	对象	时间安排	活动人次
课堂学习	家庭园艺课程：庭院植物的选择、家庭植物四季养护、庭院植物生长发育规律系列、植物常见病虫害防治、组合盆栽（实操）、家庭木本花卉的养护等	社区市民	2022年3月至今（每周4课时）	1050
	创意制作课程：创意小景观、手工小盆栽、变废为宝小花盆等	社区市民	2023年3月至今（每周4课时）	180
	探秘植物课程：植物的习性、植物分类、植物的作用、花卉植物的特点等	中小学生	2023年5—6月（每周2课时）	212
线上微课	"虎年话植物""球根花卉""仙客来的种植和养护""球根植物的种植、养护"等12讲内容	社区市民	2022年3月—2022年11月	672
团队学习	庭院小菜园团队、庭院盆栽团队、庭院布景团队	社区市民	不定期	450
体验学习	"探秘小菜园——种子的故事"体验活动	幼儿园中班和大班孩子	2023年4月	120
	"我与花卉有约"植物书签体验	小学生	2023年6月	50
	"共享园艺乐趣 点亮庭院生活"学习体验	市民	2023年6月	50
讲座培训	家庭园艺景观	上班族	2023年3月	151
	阳台菜园种植攻略	居家妇女	2023年3月	121
校园活动	送课活动："植物妙用""植物分类""校园探秘""花卉知识"	中小学生	2023年6月	208
	"你问我答——植物养护诊断"	幼儿园教师	2023年5月	42

四、项目的创新性与可推广性

项目课程内容不仅关注市民家庭园艺知识、技能的学习，而且关注了审美与生活之间的关系、生态与庭院建设之间的关系，对提升市民的审美能力、环保意识和生活情趣有积极作用。课程涵盖不同人群，内容呈现螺旋上升的特点，课程大纲群为相关院校的学习、研究提供了一个样本。

本项目在实施过程中，关注到园艺类课程实践的重要性，不仅培育建设校内实践基地和校外共享基地，而且挖掘社区中热心公益且有园艺特长的市民，在市民庭院中建设了若干个社区园艺学习实践点。这一做法既缓解了学校场地资源有限的不足，又为市民就近学习提供了便利。

学校依托园艺社区实践点，培育组建"园艺互助学习小组"，为社区学习者提供一个支持性和合作性的学习环境，通过同伴互助学习，学员可以相互分享自己的知识和经验，获得更广泛的园艺知识和技巧，可以互相激励和支持，共同解决问题，提高学习效果。

7 "浦江第一湾"文明实践带人文行走亲子营

戴娟娟

（闵行区吴泾镇社区学校）

案例概况

项目名称	"浦江第一湾"文明实践带人文行走亲子营		
项目实施机构	上海市闵行区吴泾镇社区学校		
所属行政区	闵行区		
核心合作 / 支持单位	华东师范大学上海终身教育研究院 华东师范大学生态与环境科学学院 上海市闵行区吴泾镇精神文明建设办公室 上海市闵行区吴泾镇生态办		
项目运作时间	2022年8月	项目结束时间	2023年8月
项目拟解决的关键问题	1. 推进"浦江第一湾"文明实践带建设，提升社区居民的生态文明素养，弘扬志愿服务精神； 2. 赋能"双减"，以人文行走为路径和抓手，为学校和家庭提供支持性服务，让社区成为"育人场"； 3. 深化青少年群体的环保理念，培养知行合一的精神，激发参与生态文明建设的行动能力		
对应的可持续发展目标 / 领域（勾选）	□ 社区健康教育　　☑ 社区环境教育	□ 社区和谐发展　　□ 社区职业能力	
主要服务对象群体（勾选）	□ 老年人 □ 在岗职工 □ 残障人员 □ 全体居民（无特定指向） □ 其他（请详细注明）	☑ 儿童与青少年 □ 外地来沪从业者 □ 女性群体 □ 创业群体	
主要经费来源（勾选）	□ 市级财政教育预算 ☑ 本单位自筹 ☑ 其他渠道（请详细注明）	□ 区级财政教育预算 □ 社会资助	
项目联系人	戴娟娟		

一、项目背景

习近平总书记反复强调："环境就是民生，青山就是美丽，蓝天也是幸福。"[①]中国坚持精准治污、科学治污、依法治污，以解决人民群众反映强烈的大气、水、土壤污染等突出问题为重点，持续打好蓝天、碧水、净土保卫战。生态文明是人民群众共同参与建设、共同享有的事业，每个人都是生态环境的保护者、建设者、受益者。正如习近平总书记所说："新时代生态文明建设要从娃娃抓起，通过生动活泼的劳动体验课程，让孩子亲自动手、亲身体验、自我感悟，让'绿水青山就是金山银山'的理念早早植入孩子的心灵。"[②]

少年儿童是生态文明建设的有生力量。童年是一个人文明素养形成的重要阶段，加强少年儿童生态文明素养培育，具有重要性和紧迫性。以少年儿童为抓手，促使他们从生态文明建设的学习者、实践者逐步成长为传播者、推动者。吴泾镇社区学校依托新时代文明实践平台和"三区联动"文明同创共建联盟优势，引导青少年走出校园、走向社会，通过个性化实践活动，主动参与社会、了解社会，在实践过程中提升青少年参与、发现、探索和思考的能力，"浦江第一湾"文明实践带人文行走亲子营应运而生。

本项目是吴泾社区生态文明建设的需要，在原有全国学雷锋优秀项目"王显明保护母亲河"志愿行动基础上迭代升级，进一步推进"浦江第一湾"文明实践带建设，提升社区居民的生态文明素养，弘扬志愿服务精神，助力吴泾镇创建全国文明镇；也是发挥"家校社协同育人"的功能作用、积极赋能"双减"落地的现实需要，将社区教育资源充分整合，以人文行走的学习方式，为学校和家庭提供支持性服务，让社区成为"育人场"。学生亲身发现蓝天白云、清水绿岸、鱼翔浅底，人们呼吸的空气更清新，喝的水更干净，吃的食物更放心，生活的环境更优美，切实感受到生态环境变化带来的幸福和美好。

二、具体做法

（一）人文行走

2022年2月，在吴泾镇社区学校举行的第一次可持续发展教育交流会议上，华东师范大学生态与环境科学学院与吴泾镇文明办、吴泾镇社区学校达成了以"五个

---

① 习近平：深入理解新发展理念［EB/OL］.人民网，2019-05-16.
② 习近平在北京育英学校考察时强调 争当德智体美劳全面发展的新时代好儿童 向全国广大少年儿童祝贺"六一"国际儿童节快乐［EB/OL］.人民网，2023-06-01.

一"项目为主的合作协议，沿黄浦江人文行走环境观察被明确为重要内容之一。同年8月，吴泾社区亲子家庭在华东师范大学生态与环境科学学院环境科学系主任张勇教授和大学生志愿者的带领下，从浦江第一湾公园出发，沿黄浦江岸线步行约2公里至兰香湖。有家长表示："大学教授走下高校讲台，来到江边给中小学生上课，机会非常难得。"目前的中小学课程中没有设置专门的环境学科，高中课堂上学的内容跟大学教育也不完全对接，这种户外边学边玩的实践方式，便很适合中小学生参与。随着"浦江第一湾"文明实践带人文行走项目品牌影响力的持续扩大，区域联动效应也同步凸显。2023年5月至8月期间，吴泾镇社区学校联合镇文明办、规划建设办公室（生态环境保护办公室）、华东师范大学生态与环境科学学院，以环境问题观察周末营和生物多样性暑期营的形式，组织了8次不同路线的人文行走，由华东师范大学教授和大学生志愿者带领孩子们边走边学，活动内容包括"保护母亲河"打捞垃圾公益行动、现场检测黄浦江水质、乘坐体验杜吴线百年轮渡、走进华东师范大学生态与环境科学学院实验室、实地了解和平村河道治理和清洁小流域效果、参观可口可乐饮料（上海）有限公司等，共计240组家庭、480人次参与。

图1 浦江第一湾 文明实践带"环境问题观察"人文行走周末营

图2 登上轮渡体会百年轮渡给新老上海人留下的特殊记忆

（二）动手勘测

人文行走的动手环节形式多样、内容丰富，孩子们非常感兴趣：在黄浦江边采集水样，借助专业仪器监测水温、pH 值、溶解氧（DO）、电导率等指标，对照地表水环境质量标准表深入了解黄浦江的水质现状，培养和提升水资源保护意识；在和平村水清岸绿的江南田园风光中探究这座全国文明村从存在违章建筑、垃圾污臭顽疾到全市"最美河道"的转变背后的故事，聆听村民从"绕"着河走到"黏"着河走的幸福感和获得感；在华东师范大学生态与环境科学学院实验室里聆听专业人员对空气污染、水污染、重金属污染成因及危害的介绍，零距离了解相关实验仪器的操作原理；在华师大校内生态岛驻足观察身边的树叶，寻找鸟儿的踪迹，听着志愿者讲解本土植物及鸟类的习性，在行走中观察，与自然互动，体验什么是最理想的森林系统；在手工体验课堂上挑选自己喜爱的干花和叶子，手工 DIY 干花徽章，表达对大自然的理解、对生态环境保护的理解；在可口可乐公司了解"回收饮料瓶制作餐桌椅""生产用水循环使用养鱼浇灌花草""屋顶绿植降温散热"的相关知识，感受一座现代大型工厂的"环保经"。

图3　亲子家庭在志愿者指导下开展水质采集和检测

图4　华东师范大学生态与环境科学学院张勇教授在讲解黄浦江的生态特征

（三）文明实践

　　作为上海市"一江一河"战略规划的重要组成部分，"浦江第一湾"文明实践带将浦江第一湾公园、吴泾公园、浦江郊野公园等串珠成链，形成集文化展示、公共服务、文明培育、志愿服务等功能于一身的文明实践网络。截至目前开展的8次人文行走，已成功打卡兰香湖、浦江第一湾公园、吴泾公园、百年轮渡、和平大院、华东师范大学生态岛、可口可乐公司等地，一个个点位串联起来，形成一条条行走路线，引领广大青少年在行走中感受吴泾镇独有的水域、森林等生态点位，通过赏美景、读人文、品历史，深化青少年群体的环保理念，培养知行合一的精神，提升参与生态文明建设的行动能力。

图5　亲子家庭在华东师范大学生态岛探索

图6　生物多样性人文行走暑期营走进可口可乐饮料（上海）有限公司

三、项目成效

"浦江第一湾"文明实践带人文行走亲子营精彩纷呈的背后，是吴泾镇充分发挥社区、校区、园区"三区联动"优势，达成协力合作、高效分工、畅通衔接的细致体现。参与活动的青少年走出教室，走进自然，在不断增长见识和增加体验的过程中，提高热爱自然、热爱生活、热爱家乡的意识。本项目以"环境底蕴＋人文求知＋亲子陪伴"的模式，收到来自社会各方的积极反馈，分别在"学习强国""上海市民终身学习人文行走""青春上海""文明闵行""今日闵行"和"闵行环境"等媒体平台上进行了报道。

（一）丰富了亲子家庭的课余生活

在行走、观察、互动的过程中，还原少年视角下的自然和环保世界，在教室外获取生态环保知识，得到了亲子家庭的认同。大学生志愿者整理了所有参与者关于环境保护的建议意见，并形成正式文本，提交给吴泾镇人大代表，让人文行走"走"出了新意。更多的学生和家长纷纷表示加入生态文明志愿行动的行列，以一颗"小水滴"的姿态，在"浦江第一湾"文明实践带建设大势中汇聚成"大浪潮"，成为江河沿岸最美风景和人民城市的温暖守护。

（二）链接了街镇区域的教育资源

学校持续为教育资源共享的探索实践赋予新意，联合多部门通力合作，为学员们打开更广阔的视野空间。2023年5月22日，在国际生物多样性日这一天，闵行区生态环境局、吴泾镇人民政府、华东师范大学生态与环境科学学院三方签署了生物多样性宣传共建协议，共同进一步促进吴泾镇的生态文明建设和可持续发展。基于浦江第一湾的生态优势，发布了多条生态文明人文行走路线，引领市民在行走中感受吴泾镇独有的生态点位，根植环保理念。

（三）培育了环境教育的志愿队伍

一批社区达人正成为生态文明走进社区的重要助推力量。以吴泾镇社区学校讲师团团长顾震、老年班班长丁紫兰、镇市民巡访团顾问戚顺泰、镇社区党校讲师团团长王锦昌及区域中小学生等为代表，目前已建立一支近20名成员的生态文明宣讲志愿服务队，以老中青三代同讲的方式为吴泾镇生态文明实践发挥作用。

（四）衍生了生态主题的系列教材

2023年6月，"小眼'泾'看大社会"吴泾学区化思政研学项目平台发布，研学路线汇聚了吴泾镇独有的江河湖、人景物等红色传承、紫色科技和绿色生态三条行走路线，孩子们在研学中不断丰富成长经历，提升综合素养；一套由华东师范大学生态与环境科学学院、社区达人、相关职能部门等各方参与合作的研学教材即将亮相推出，孩子们在熟悉和亲切的环境中将更加热爱自己的家园。

四、项目的创新性与可推广性

2023年6月25日，"浦江第一湾"文明实践带人文行走周末营作为优秀文明实践项目登上《直通990·为志愿加油》特别节目，意味着这一项目不仅让许多亲子家庭积极参与，更受到了市级媒体的广泛关注。

（一）在亲近自然中培养学生的生态视角

根据学生的年龄特点和学习特征，创造轻松的氛围，构建贴近真实生活的学习情境，让孩子们在自然教育中真切体认和尊重生命万物。华东师范大学闵行校区内的生态岛成为多场周末营的起始点，亲子家庭走上生态岛，仔细观察、触摸多种本土植物，了解植物、鸟类的生活习性，感受到了生物多样性对地球、对人类的重要性。学生们还借助专业仪器，为黄浦江母亲河"把脉"。由此，在孩子心中播撒绿色种子、厚植绿色理念，推动形成绿色生活方式，使之终身受益。

（二）在人文行走中壮大环保志愿队伍

在行走过程中，营员们在"浦江第一湾"初心驿聆听上海、吴泾形成的地理知识和吴泾镇"捞杆精神"代代传承接力的故事，登上"浦江第一湾"文明实践号主题轮渡体会百年轮渡给新老上海人留下的特殊记忆，在远望和近观中感受吴泾从工业到生态的精彩蝶变。项目开拓了习近平生态文明思想的大众化传播路径，增强了全民生态环境保护的思想自觉和行动自觉，吸引了更多市民会聚到生态环境保护的行列中。

（三）在多方合作中将可持续发展教育推向深入

少年儿童生态文明教育是一项系统工程，需要家庭、学校、政府和社会各界共同努力。华东师范大学生态与环境科学学院与吴泾镇人民政府签订战略合作协议，从协议到协力，以多样化的学习方式开展环境教育，让自然成为真正的学校。园区企业资源同样不容忽视，通过项目联动实现共建共治共享，让更多社会资源成为学习资源。系统集约、协同联动的多部门合作，进一步提升少年儿童及家庭参与"浦江第一湾"区域生态环境建设的驱动力。

8 气象科普教育促全民科学素养高质量发展

刘依婷

（闵行区七宝镇明强小学）

案例概况

项目名称	气象科普教育促全民科学素养高质量发展		
项目实施机构	上海市闵行区七宝镇明强小学		
所属行政区	闵行区		
核心合作／支持单位	上海市气象学会 闵行区气象局		
项目运作时间	2020年3月	项目结束时间	2023年3月
项目拟解决的关键问题	通过融专业化气象科普资源、创立体化气象科普活动、建系统化气象科普课程，为探究气象科学提供良好的平台，助推气象科学知识的普及、增强全民气象防灾减灾能力，促进全民科学素养高质量发展		
对应的可持续发展 目标／领域（勾选）	☐ 社区健康教育　　　　☐ 社区和谐发展 ☑ 社区环境教育　　　　☐ 社区职业能力		
主要服务对象群体 （勾选）	☐ 老年人　　　　　　　☑ 儿童与青少年 ☐ 在岗职工　　　　　　☐ 外地来沪从业者 ☐ 残障人员　　　　　　☐ 女性群体 ☐ 全体居民（无特定指向）☐ 创业群体 ☐ 其他（请详细注明）		
主要经费来源 （勾选）	☐ 市级财政教育预算　　☐ 区级财政教育预算 ☑ 本单位自筹　　　　　☐ 社会资助 ☐ 其他渠道（请详细注明）		
项目联系人	刘依婷		

一、项目背景

（一）具体问题

我国科学素质建设取得了显著成绩，但也存在一些问题和不足。主要表现在科学素质总体水平偏低，科学精神弘扬不够，科学理性的社会氛围不够浓厚等，全民科学素养提升工作有待加强。

随着全球气候变暖和极端气象灾害多发频发，且态势日趋严重，对各行各业和人民群众安全的影响也日益加剧，公众对于气象防灾减灾以及应对气候变化的科普需求进一步提高。

（二）科学普及国家背景

习近平总书记指出："科技创新、科学普及是实现创新发展的两翼，要把科学普及放在与科技创新同等重要的位置。"①《全民科学素质行动规划纲要（2021—2035年）》坚持新发展理念，统筹推进"五位一体"总体布局，协调推进"四个全面"战略布局，全面贯彻落实习近平总书记关于科普和科学素质建设的重要论述，以提高全民科学素质、服务高质量发展为目标，以践行社会主义核心价值观、弘扬科学精神为主线，以深化科普供给侧改革为重点，着力打造社会化协同、智慧化传播、规范化建设和国际化合作的科学素质建设生态，营造热爱科学、崇尚创新的社会氛围，提升社会文明程度，为全面建设社会主义现代化强国提供基础支撑，为推动构建人类命运共同体做出积极贡献。

（三）气象科普教育背景

1. 气象科普教育是实施国家创新驱动发展战略的必然要求

气象事业是科技型、基础性社会公益事业，气象工作与经济社会发展息息相关，气象信息与人们日常生产生活紧密相连。气象科普教育是提高全民气象科学素质、提高全民科学素质的重要内容和必然要求，也是实施国家创新驱动发展战略的必然要求。

2. 气象科普教育是保障人民美好生活、建设美丽中国的现实需求

党的二十大报告提出："大自然是人类赖以生存发展的基本条件。尊重自然、顺应自然、保护自然，是全面建设社会主义现代化国家的内在要求。……我们要推进美丽中国建设……应对气候变化，协同推进降碳、减污、扩绿、增长，推进生态优

---

① 习近平：为建设世界科技强国而奋斗——在全国科技创新大会、两院院士大会、中国科协第九次全国代表大会上的讲话（2016年5月30日）[EB/OL].人民网，2016-06-01.

先、节约集约、绿色低碳发展。"随着我国社会经济快速发展以及人民群众生活水平日益提高,气象科普教育已成为保障人民美好生活、建设美丽中国的现实需求。

3. 气象科普教育是气象事业科学发展的内在需求

在建设气象现代化强国新征程中,离不开社会各界对气象的理解和支持。气象科普教育,让公众有兴趣、有途径走近气象,促进公众对气象事业的理解。公众对气象科学社会价值的理解越深,就越能尊重气象科学,尊重气象工作者;气象科普教育为培养未来气象科技工作者提供土壤,是气象事业科学发展的内在需求。

二、具体做法

架构起连接气象部门、教育部门、社会力量、教师以及科普受众之间的桥梁,通过融专业化气象科普资源、创立体化气象科普活动、建系统化气象科普课程,为探究气象科学提供良好的平台,助推气象科学知识的普及,增强全民气象防灾减灾能力,促进全民科学素养高质量发展。

(一) 融多维专业化气象科普资源

1. 内外兼修:融气象场域资源。

2. 协同育人:融气象专业资源。

3. 联动共享:融双线学习资源。

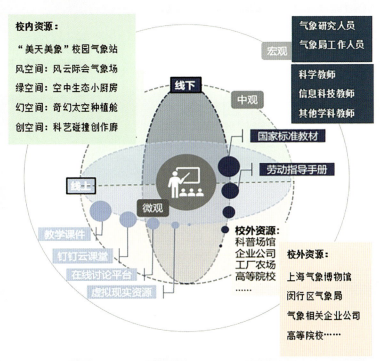

图1 多维专业化气象科普资源体系

（二）创办阶梯成长式气象科普活动

明强小学气象科普活动经过多年的实践及改进，形成了特色化的阶梯成长式气象科普活动：聚焦科学观念、探究实践、科学思维、责任态度等核心素养，根据不同年龄层的特点，设计不同的活动，层层递进，通过精心的设计将不同层的活动进行联结，让学生在活动中不断向上、逐步成长。

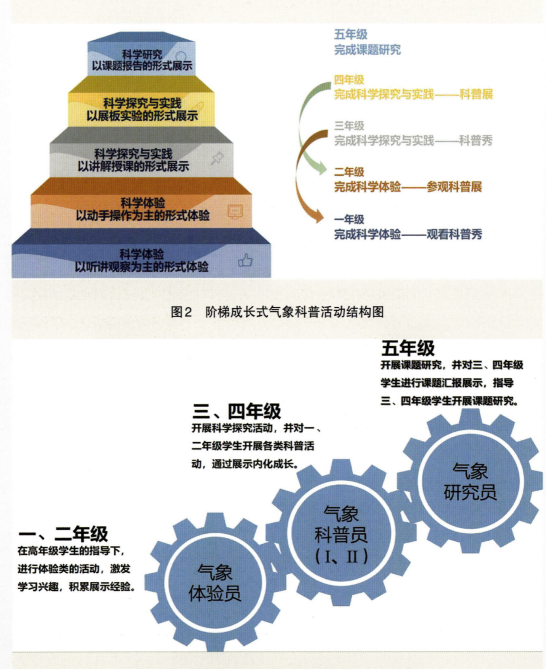

图2　阶梯成长式气象科普活动结构图

图3　按年级划分的阶梯成长式气象科普活动结构图

五年级学生参与"气象研究员"系列活动，活动包括两个层级：初级为"气象研究初体验"，即开展一个与气象相关的小实验、小制作，并通过实验报告单的形式分享所见所得；进阶则是"气象研究小课题"，即围绕一个与气象相关的小问题，开展一系列科学研究活动，并通过课题报告的形式展示结论或成果，让四年级学生观摩学习。

四年级学生参与"气象科普员 II"活动，开展为期两周的气象科学自主探究，各班学生组成一个个气象科普团队，经过组内项目研讨，自主选择科普主题，再通过实验、调查等不同方式，对相应主题开展深入的学习并将成果进行梳理，设计出各式各样的科普展板，汇聚成一场具有相当规模的气象科普展。

三年级学生参与"气象科普员 I"活动，制作精美的 PPT，并辅以趣味的实验展示或道具，对着镜头进行气象科普演讲，经过评选，部分脱颖而出的气象科普员走进各班教室，进行气象科普演讲，打造校园科普新气象。

一、二年级学生参与"气象体验员"活动，带着活动任务单，一年级学生观摩了三年级学生的气象科普秀，二年级学生参观了四年级学生的气象科普展览。一、二年级学生除了参与科普体验活动还担任了测评员，为自己喜欢的科普员投票。

（三）建设系统化气象科普课程

开发系统化气象科普课程。遵循小学生的身心发展特点，引领学生从真实的情境以及实践活动中，走近气象科学，感受气象与人类生活的密切联系。内容选择不局限于自然科学范畴，而是创新地将人文科学融合进来，丰富气象科普的内涵，全面提升学生的科学素养，为学生的终身发展奠定基础。一年级"玩中学"，在体验中激发气象科学探究兴趣；二年级"做中学"，在实践探究中构建科学观念，积累探究实践能力；三、四年级"用中学"，在解决实际问题中内化科学知识，培养科学思维；五年级"创中学"，尝试用科学改变生活、创造美好。

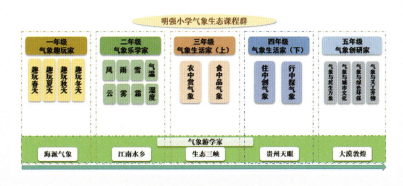

图4 气象生态课程群结构图

具体课程目标：

1. 基于气象视角认识自然现象，形成基本的科学观念，并能用于解释有关的自然现象、解决简单的气象问题；

2. 通过与气象相关的科学活动体验和发现科学问题，习得运用科学知识与方法开展不同形式的科学探究和实践的能力；

3. 通过解决气象领域的实际问题，内化科学知识，采用分析与综合、比较与分类、抽象与概括等基本的思维方法，培养科学思维；

4. 具备探索各种气象的好奇心，养成尊重事实的科学态度，增强对自己、对身边的人、对自然和社会的责任感。

以二年级"气象乐学家"为例，作为原创低年级气象科普课程，分为风、雨、雪、气温、云、雾、霜、湿度八大主题单元。每个主题单元通过"猜谜语"，初识各种气象现象的特点；通过"阅读与交流"，探寻历史文化中的风、雨、云、雾、雪、霜，在了解科学知识的同时，感悟中华优秀传统文化的魅力；通过"探究与体验"，"制造"风、云、雾，模拟下雨等；通过"实践与制作"，完成风向标、风速仪、雨量器等气象仪器的模拟制作，揭开高精气象仪器的神秘面纱；通过单元自主探究，创设真实问题情境，引导学生利用所学气象科学知识解决生活问题，将学习与生活联结，用科学知识服务真实生活。从不同视角探秘气象科学，艺术创作、劳动实践、科学实验、科学制作等不同方式的实践活动，让孩子们能够在乐趣和实践中思考与成长，也让原本高深奥妙的气象科学世界充满了别样的色彩和奇妙的魅力。

三、项目成效

因气象科普教育成效卓越，明强小学被评为"全国气象教育特色学校"。

学校独创的阶梯成长式气象科普活动，获得了社会多方的认可，央视网、人民网、《新民晚报》、文汇报、科学网、劳动观察网、话匣子、青春上海等多家媒体对学校气象科普活动模式进行了报道；2023年3月25日，在以"科学教育：为创新人才培养注入新动能"为主题的长三角地区基础教育课程教学改革论坛中做了现场展示。

四、项目的创新性与可推广性

明强小学阶梯成长式气象科普活动具有明显优势：一是贴合不同年龄层学生的认知能力，让学生可以参与、愿意参与、乐于参与，从每年参与数据来看，三、

四、五年级学生的参与率均在90%以上；二是让不同年龄层的学生都能够看到自己的发展的方向，一、二年级作为观摩者参与三、四年级的活动，三、四年级又作为观摩者参与五年级的活动，不同年级的学生都能够在参与活动的同时看到自己未来的成长方向；三是让环环相扣的活动形成热烈的校园科技氛围，全民玩气象、全民研气象，这样的氛围形成了得天独厚的气象科普场域，让全校每一个学生都能得到活动浸润式的气象科普。这种气象科普活动模式可复制，可推广。与此同时，明强小学的系统化气象科普课程也可共享与推广，让气象科普教育真正促进全民科学素养高质量发展。

9 融通高校资源 打造绿色可持续共同体

王叶婷　杨永茹

（上海交通大学附属实验小学）

案例概况

项目名称	融通高校资源 打造绿色可持续共同体		
项目实施机构	上海交通大学附属实验小学		
所属行政区	闵行区		
核心合作 / 支持单位	上海交通大学		
项目运作时间	2022 年 11 月	项目结束时间	2024 年 12 月
项目拟解决的关键问题	绿色家庭 / 楼组 / 小区的共创行动 碳达峰碳中和常识与生活中的低碳行为养成		
对应的可持续发展 目标 / 领域（勾选）	☐ 社区健康教育　　　☑ 社区和谐发展 ☑ 社区环境教育　　　☐ 社区职业能力		
主要服务对象群体 （勾选）	☐ 老年人　　　　　　　　☑ 儿童与青少年 ☐ 在岗职工　　　　　　　☐ 外地来沪从业者 ☐ 残障人员　　　　　　　☐ 女性群体 ☑ 全体居民（无特定指向）☐ 创业群体 ☐ 其他（请详细注明）		
主要经费来源 （勾选）	☐ 市级财政教育预算　　　☐ 区级财政教育预算 ☑ 本单位自筹　　　　　　☑ 社会资助 ☐ 其他渠道（请详细注明）		
项目联系人	王叶婷　　杨永茹		

一、项目背景

习近平总书记强调："把立德树人融入思想道德教育、文化知识教育、社会实践教育各环节。"[①]《新时代学校思想政治理论课改革创新实施方案》将推进思政课一体化作为学科改革创新的基本要求之一。上海交通大学附属实验小学（以下简称"交大实小"）拥有丰厚的高校底蕴和资源，加快了育人生态的系统转变。

2022年10月，教育部印发了《绿色低碳发展国民教育体系建设实施方案》。在中小学校开展双碳主题教育系列课程，是深入贯彻习近平生态文明思想的具体体现，对准确理解新发展理念，实现碳达峰、碳中和，建设人与自然和谐共生的社会主义现代化强国具有重要战略意义；是开展素质教育，健全生态文明教育体系，提升学生生态文明素养，培养生态文明时代新人的具体举措。交大实小紧密结合当今时事热点，着力构建大学牵引、区域联动、大中小学贯通的"大思政课"育人试验示范区，携手交大五大学院，打造绿色可持续发展共同体。

二、具体做法

（一）融通高校资源，构建绿色共同体

上海交通大学—闵行区作为上海首批整体试验区，先行探索、先行实践，着力建设大学牵引、区域联动、大中小学贯通的"大思政课"育人试验示范区，全力打造新时代大中小学一体化、校内外一体化、知信行一体化的"大思政课"工作格局。交大实小携手交大马克思主义学院、环境科学与工程学院、农业与生物学院、智慧能源创新学院和中英国际低碳学院等五大学院，聚焦"绿色低碳"主题，依托交大"大思政课"建设整体试验区平台，充分发挥马克思主义学院思政育人的品牌效应，整合其他四大学院在专业课程、实践基地等方面的优质资源，共建共享"双碳"德育第一课堂"大平台"。五大学院为交大实小"双碳"教育的环境创设、技术赋能、课程引入和活动实践提供有力支持。通过学校"小课堂"与社会"大课堂"的有效衔接，理论"小课本"与鲜活"大教材"的有机统一，教学"小循环"与育人"大循环"的有序协同，小手拉大手，全方位构建交通大学—交大实小"绿色可持续教育"共同体。

[①] 习近平：坚持中国特色社会主义教育发展道路 培养德智体美劳全面发展的社会主义建设者和接班人［EB/OL］．人民网，2018-09-11.

图1　低碳"童"行科创美好课堂展示活动

（二）整合家校社资源，打造"第一课堂"新教室

"全方位卷入、多资源融入、沉浸式嵌入"，学校在闵行全国智慧教育示范区的引领下，通过科技助力、技术赋能，探索出一条德育创新实践的新路径。依托信息技术平台，学校将贴近学生实际的思政课系列资源上传资源库，学生在资源教室内就能及时观看学习，提高思政课的实效性。学校德育"第一课堂"资源教室的打造是在智慧教育背景下科技助力思政课创新的一次有益探索，依托央视和人教社的资源、先进的技术平台和课程专家团队，推进学校中小学思政课一体化建设，促进学校、区域形成良好的育人局面，打造德育工作的显性阵地。

图2　"双碳"德育第一课堂资源教室

在课程资源方面，学校师资团队围绕"双碳"教育中"衣食住行"四个板块，制作了十节微课。将碳账户计算、碳普及知识问题制作成小程序，方便师生在资源教室里互动学习。充分利用央视和人教社的优质资源，确保资源的权威性、科学性、丰富性，提升思政教育的实效性。在技术平台设置中，采用双幕布全屏沉浸式设计，将更多的资源在不同屏幕中进行呈现。在教室环境设计中，围绕"碳"访交大、"碳"寻闵行、"碳"索天地、"双碳"战略、"碳"秘课堂、思政导师团等板块进行布置。学校通过数字化、视频化、沉浸式的方式，构建现实场景式的体验环境，优化思政课的学习方式，打造科技与资源融合的思政课堂，帮助学生树立正确的世界观、人生观、价值观。

图3 一"碳"究竟主题微课

（三）延展活动资源，丰富活动体验

学校在原有走进奇妙的科学实验世界系列校本课程基础上，融入学校主题节庆活动、红领巾争章、劳动实践、社区互动，学校已经开展了两届交大实小"双碳"校园文化节，陆续开展"碳"行者、"碳"学者、"碳"课堂、"碳"视界、"碳"账户打卡等活动。依托家、校、社三方资源，走进社区，让学生获认知、有体验、促升华。通过一"碳"究竟，学生了解校园植物的固碳能力，动手制作固碳植物盆栽；通过一"碳"究竟，一起变废炫宝、科创画作；通过一"碳"究竟，一起设计双碳特色章、布置班级双碳特色角……我们将气候变化、绿色低碳的知识引入课程，基于学生视野，开展普适性气候环境教育，不仅秉承了"五育融合"的宗旨，更将学生活动进行融合提升，使生态文明教育更具感染力和说服力。

图4　交大实小"耕绿园"春耕仪式

图5　走进社区，参观米其林绿色低碳展览

图6　走进政协，采访全国政协委员 黄震院士

三、项目成效

（一）打造"第一课堂"，推进学校思政一体化建设

2023年6月6日，上海"大思政课"建设整体试验区推进会在上海交通大学闵行校区召开。上海交大和闵行区集聚科教资源和社会力量，着力构建大学牵引、区域联动、大中小学贯通的"大思政课"育人试验示范区。在推进会上，交大实小杨永茹老师展示了闵行德育"第一课堂"第八讲。通过建设低碳校园、开展低碳实践、科创赋能低碳教育，低碳融合思政教育入脑、入心、入行，培养践行绿色低碳理念，适应绿色低碳社会，引领绿色低碳发展的新一代青少年。活动得到了央视频、上海教育新闻网、闵行教育等媒体报道宣传。"学校是教育的生命场"，学校的责任从"塑造学生"转化为"成就学生"。德育"第一课堂"的项目建设就是以思政课改革创新为抓手，打造德育的显性阵地。校园中的每一条小道、每一间教室都应彰显育人元素，因地制宜开发、设计校园空间，整合高校教育资源，多途径推动学校"大思政"育人格局的形成。

图7 闵行区德育"第一课堂"展示活动

（二）建设"第一课堂"，助力学生核心素养提升

德育"第一课堂"与时代同向、与现实同频、与实践同行，发挥启智润心的作用。学校在高校资源的融通助力下，以大中小学思政一体化为引领，培养学生在思政学习中自主探索、解决问题的能力，助力学生核心素养的提升。习近平总

书记提出了善用"大思政课"的要求，指出"思政课不仅应该在课堂上讲，也应该在社会生活中来讲"①，这不仅为大思政课建设指明方向，也为学校提供实践与探索导向。在上海交通大学更多资源的助力融通下，学校将循序渐进、有效衔接、内外融通、知行合一。

图8　学生设计未来的"绿色校园"

四、项目的创新性与可推广性

（一）立足区域视野，在项目中共生

学校在一"湾"（大零号湾）、一"江"（江川社区）、一"校"（上海交通大学）的引领助力下，开发"双碳第一课堂"社会实践活动。走进社区，开展"固碳"植物讲解活动，动手制作固碳植物，让绿色萦绕身边；开展"以物换物"的活动，让绿色环保的理念延续。让学生身体力行，探究双碳知识，提升环保意识，打造家校社绿色可持续教育共同体。走进大零号湾，"碳"访绿色科创企业，用声音传播大零号湾的绿色故事。走进高校，与"双碳"领域的院士面对面，真正让"双碳第一课堂"走出课堂、走出校园、走向社会，用自己的所学所悟助力人与自然和谐共生的现代化。

---

① "'大思政课'我们要善用之"（微镜头·习近平总书记两会"下团组"·两会现场观察）[EB/OL].
人民网，2021-03-07.

图9 "声动大零号湾"红领巾讲解活动

（二）立足国际视野，在创新中持续

习近平主席强调，地球是个大家庭，人类是个共同体，气候变化是全人类面临的共同挑战，人类要合作应对。坚持把应对气候变化融入国际教育工作。为此，学校携手大零号湾科创园区、交大马克思主义学院、环境科学与工程学院、农业与生物学院、智慧能源创新学院和中英国际低碳学院等五大学院，开展一"碳"究竟主题活动。"碳"究能源，走近院士。在交大智慧能源创新学院里与黄震院士面对面，请教低碳新能源的问题的研究方向。

图10 走近黄震院士，学习新能源知识

"碳"究国际，同学们走进第六届中国国际进口博览会，感受绿色旋风；同学们走进闵行经济开发区，理解世界500强企业的绿色低碳技术战略……这些都是全球为实现绿色、低碳，应对气候变化所做的技术创新。

10 大美四季 · 学在佘山

诸 君

（松江区佘山镇社区学校）

案例概况

项目名称	大美四季•学在佘山		
项目实施机构	上海市松江区佘山镇社区学校		
所属行政区	松江区		
核心合作 / 支持单位	无		
项目运作时间	2016年3月	项目结束时间	持续至今
项目拟解决的关键问题	项目旨在保护佘山的本土文化遗产，通过一系列的活动和措施，使这些本土的传统文化真正活跃起来，并融入现代人生活中		
对应的可持续发展目标 / 领域（勾选）	☐ 社区健康教育　　☑ 社区和谐发展 ☐ 社区环境教育　　☐ 社区职业能力		
主要服务对象群体（勾选）	☐ 老年人　　　　　　　　　☐ 儿童与青少年 ☐ 在岗职工　　　　　　　　☐ 外地来沪从业者 ☐ 残障人员　　　　　　　　☐ 女性群体 ☑ 全体居民（无特定指向）　☐ 创业群体 ☐ 其他（请详细注明）		
主要经费来源（勾选）	☐ 市级财政教育预算　　☑ 区级财政教育预算 ☐ 本单位自筹　　　　　☐ 社会资助 ☐ 其他渠道（请详细注明）		
项目联系人	诸　君		

一、项目背景

佘山镇地处松江区西北部，位于长三角 G60 科创走廊、长三角生态绿色一体化发展示范区、虹桥国际开放枢纽三大重要战略承载区交会之处，地理位置优越。佘山镇域面积 66.8 平方千米，现有人口约 13.4 万人，森林覆盖率为 23.81%，绿化覆盖率为 36%，坐拥上海唯一的自然山林风景区、世界海拔最低的五星级酒店，四季风光醉人，游人如织，宜居宜业宜赏。[①] 近年来，学校围绕镇"建设绿色、科创、宜居的现代化新佘山"目标，以"悦享风雅人生，墨润书香佘山"为办学理念，以"学习，遇见更好的自己"为价值追求，坚持服务社区，持续为市民提供更为优质的教育资源，引领市民享受风雅幸福，营造社区书香浓厚氛围，让终身教育成为新时代人民美好生活最亮眼的标志。

佘山拥有丰富的历史文化遗产。数百年来，佘山地区孕育了独特的文化和传统，包括各种古建筑、艺术、手工艺和习俗。伴随着快速的城市化进程，佘山地区的传统生活方式和乡土文化逐渐被现代城市生活取代，当地的社会结构和生活方式发生改变，一些传统文化和习俗也逐渐淡出人们的日常生活。在经济发展和市场化过程中，传统手工艺和地方特色产业面临着市场竞争的压力，很多传统工艺因缺乏市场需求而逐渐消失。加之教育和文化环境的变化，年轻一代更倾向于接受现代文化，对本土文化传统缺乏深入的了解和认同，导致传统文化的传承出现断层。

近年来，保护文化遗产和传承传统文化的重要性受到了越来越多的关注。佘山镇社区学校"大美四季·学在佘山"项目在此背景下应运而生。项目旨在保护佘山的文化遗产，通过一系列的活动和措施，这些本土的传统文化真正活跃起来，成为现代人生活中的一部分。

二、具体做法

学校在街镇层面将生态与人文相结合，在课程设置与教学方式上认识和保护佘山生态环境的同时，尊重并传承佘山的历史文化，使人文与生态在居民日常生活中相遇。"大美四季·学在佘山"是学校响应"建设绿色、科创、宜居的现代化新佘山"目标建设的特色课程，目的在于激发居民参与农村文化建设的热情，推动思想意识和道德观念的进步，繁荣农村文化事业，助力良好社会风气和文化氛围的形成。通过传承乡风民俗、建设学习项目、创新学习环境等多样社区教育活动，

---

① @佘山居民，你有哪些急难愁盼和发展建议，快来留言［EB/OL］.腾讯网，2023-08-03.

满足居民各类学习文化需求，弘扬优秀本土文化，让社会主义核心价值观深入人民心中，培育文明乡风、良好家风、淳朴民风，有效提升人民精神风貌，不断提高乡村社会文明程度。课程由"春夏秋冬"四个系列组成。

（一）游园花神会营造民间节日文化

农历二月十二是百花生日，古人将这一天命名为"花朝节"，俗称"花神节"。晋朝《风土记》记载："浙间风俗言春序正中，百花竞放，乃游赏之时，花朝月夕，世所常言。"春序正中，游玩、踏青、赏花的习俗延续至今。恰如清代蔡云《咏花朝》所言："百花生日是良辰，未到花朝一半春。红紫万千披锦绣，尚劳点缀贺花神。"爱花惜花之人，自然也为百花留下许多动人的传说。每年三月，"人文松江·美丽佘山"游园花神会在佘山镇新镇村桃园举办，目前已连续举办八年。

中共中央办公厅、国务院办公厅印发的《关于实施中华优秀传统文化传承发展工程的意见》强调，"把中华优秀传统文化全方位融入思想道德教育、文化知识教育、艺术体育教育、社会实践教育各环节，贯穿于启蒙教育、基础教育、职业教育、高等教育、继续教育各领域"。学校充分发挥节日文化的社会教育功能。在节日文化中，传统民俗活动促使人们将注意力从日复一日的工作生活中转移释放，通过热烈的舞蹈、动听的音乐或节令的美食，融入闲适、美好的氛围当中。节日文化作为精神生活与日常生活的重要组成部分，在某种程度上集中展示了本地居民或特定族群最优秀、最值得称道的一面，具有强大的精神感染力，除了带给人安定欢乐的心理感受，还能通过独特的文化形式给人以归属感，潜移默化地发挥教育作用。

一方面，学校组织棕编、剪纸、香文化、茶艺、朗诵、舞蹈等活动，让班级师生们进行演出和技艺展示，并展出盘扣、根雕、烙画、木艺、陶艺等课程的市民学员作品，让市民学员在亲近春天的同时，接受传统文化的熏陶，唤醒对乡村、文化、生活、学习的热情，唤醒人们对乡土人情的感怀感悟，领悟亲近自然、保护环境的绿色生态理念。另一方面，通过带领学员参与花神节"花仙子""花精灵"评选活动，进一步掌握花卉知识，了解"花事农事"优秀传统文化，打造属于自己的"青山绿水"。

图1 第四届"人文松江·美丽佘山"佘山游园花神会"十二花神"表演者合影(来源于"今日佘山"公众号)

图2 第八届"人文松江·美丽佘山"佘山游园花神会"十二花神"表演者歌舞表演(来源于"今日佘山"公众号)

(二)水蜜桃文化节培育新型农耕文化

佘山镇盛产水蜜桃,种植历史久远,品种繁多,有岗山早生、雨花露、白凤玉露、黄桃、迎庆桃等早、中、晚三熟10多个品种,具有上市早、供应时间长、甜度高、风味好的特点,名列郊区桃果园之榜首。以桃为媒,举办水蜜桃文化节,是深入贯彻乡村振兴战略、做大做强美丽经济的具体举措。学校组织并倡导学员以家庭为单位前往，参加主题作画、筷子传桃、桃语接龙、蒙面吃桃、鲜桃大胃王、桃王争霸赛亲子采摘等活动，这种依托沉浸式体验的具身学习方式，让学员们了解桃文化知识与相关的农耕文化，推广了地方文旅特色资源，同时也鼓励了代际学习的发生。

图3　佘山镇第四届水蜜桃文化节"寻找桃王"趣味亲子游戏（来源于"今日佘山"公众号）

（三）稻香书香满秋香呈现传统自然文学

"稻香 书香 满秋香"活动是学校对读书形式的新探索，成为佘山镇读书活动的品牌项目。活动不仅仅是读书分享，更是在稻田中与自然联系，向自然学习。在新媒体时代潮流中，学校开辟阅读方式，更新阅读体验，将读书场地安置在稻田间，倡导全民参与读书。活动从2018年创建至今，已连续成功举办多届，从单一的读书活动，到推出逛集市、品特色、展书香、赏非遗等有诗、书、舞、乐，融表演、分享、体验多种形式为一体的复合型活动。在"稻花香"中、在"山言粮语"田间小讲堂中，读书导师从二陆讲到陈子龙，从诗词歌赋讲到生活点滴，串联了松江史上著名文人诗者的故事，品味缕缕诗意。邀请华亭诗社与佘山镇诗歌爱好者开展"诗漫佘山"诗歌分享会，不断提升文化品位和内涵。在读书活动中选取更多关于自然与人类互动的作品，组织讨论、写作诗歌创作，探索古人与自然和谐共处、天人合一的哲学和实践，探讨自然环境与人类生活的深层次联系。结合自然摄影、绘画、书法等多种艺术形式，让参与者在自然环境中进行创作，更深入地体验和理解自然之美。

　　该活动是佘山镇读书形式的独特创新和全新亮点，是推进学习型乡村建设的有力抓手，在推进现代社区发展的同时，为读书人创设回归自然、崇敬自然的交流平台，重构人与自然的和谐语境，增强人们对传统文化的保护意识，激发对读书、对美丽家园的热爱和感怀。

图4　佘山镇第二届"稻香 书香 满秋香"读书活动诵读《小窗幽记》

图5　佘山镇第五届"稻香 书香 满秋香"读书活动朗诵团队稻田阅读

（四）松江布非遗课程助力传统技艺新生

传统文化及手工技艺根植于特定时代背景。学校积极探索传统元素在现代化生活中的新演绎，使之更贴近大众生活和审美需求，重新赋能传统文化。自2019年起，学校关注松江布文化传承，陆续建设《松江布》推荐用书、《松江布》系列微课，介绍松江布的文化历史。一是编写推荐用书，完成包括《陶艺》《草木染》《木艺》《松江布》等传统手工系列推荐用书一套。二是拍摄微课程，积极探索传统课程的线上转型，打造《松江布》精品微课6集。三是推进体验活动，组织开展学习点体验活动40多场，如"布知布觉"社区学习坊，倡导松江布重新回归人们生活。此外，学校还开展了松江布系列推广，涵盖了配饰、包具、玩偶、服装等各方面内容。通过创造沉浸式学习环境，学员实地访问松江布制作工坊、亲手参与制作过程、与工艺师直接互动，学习者可以更全面地理解传统工艺的价值和技巧，激发对传统手工艺的兴趣，增强对文化传承的认同感，促进文化的可持续发展。

松江布作为一种物质产品，背后蕴含着丰富的历史、社会和文化知识。通过课程和活动，介绍松江布传统工艺的历史背景、不同的技艺方法、在现代社会中的应用和创新。特别是将传统工艺与现代设计和应用相结合的尝试，吸引更多年轻一代并激发他们的创造力。运用沉浸、体验式的教育方法，通过多元化的学习路径和体验式学习方式增强学习者的参与度和学习效果，也更加符合现代教育理念。

图6　佘山镇社区学校组织开展社区家庭亲子松江布手账本体验活动

图7　佘山镇社区学校组织开展社区家庭亲子松江布皮具包体验活动

三、项目成效

（一）学习与体验融合，使学员产生文化共鸣

　　佘山地区拥有丰富的文化内涵，承载着深厚的历史与文化意蕴。佘山镇社区学校精心策划了各种文化活动，组织了书法课、茶艺表演、传统音乐会等一系列富有特色的传统文化工作坊；与各级各类教育机构的合作，为学员提供丰富的文化课程和实地考察机会。这些活动吸引了大量的居民踊跃参与，让其亲身体验到传统文化的魅力，产生更深的文化共鸣，文化遗产的活化得到了广泛的认可。近4年来，学校课程资源逐年丰富，开班109个，课程43门，参与各类学习119950人次，党员干部、职工、妇女、老年人、未成年人、残疾人等学习人群逐年扩展。学员满意度逐年增长，市民对社区教育认同感越来越强，参与率、获得感和满意率普遍提升。

图8 佘山镇第二届"稻香 书香 满秋香"读书活动"妙韵"女企业家旗袍团队展示

（二）生态与人文融合，提升了城镇的吸引力

"大美四季"特色课程体现出以街镇为单位的人文和生态相结合促进可持续发展的典型样板。游园花神会在提升居民生态素养的同时，将佘山的生态之美深入心中，提升了佘山的生态软实力；水蜜桃文化节调动了居民的具身认知，促进了人与人、人与自然的互学共学；松江布非遗课程以多种形式将一块布的产生过程详细呈现，服务乡村经济振兴的同时又与弘扬传统文化相结合。城市软实力的内容非常广泛，其核心在于城市精神和城市品格，归根结底则是人的素质。市民素质的提升依赖历史文化的滋养，依赖城市深厚的人文底蕴，更依赖使命自觉的精神陶冶。良好的市民素质及其所构塑的城市形象，使城市获得强大的软实力，拥有历久不衰的发展动力。"大美四季"特色课程赋能居民、加强学习型城市与终身学习文化的建设，彰显佘山的区域影响力，将佘山的生态魅力与人文魅力融通为城市吸引力，使"上海之根"的松江文化影响辐射更多区域。

图9 佘山镇社区学校传统手工系列校本推荐用书

（三）传统与现代融合，使文化融入现代生活

　　面对快速现代化的挑战，如何在推广和保护传统文化的同时让它与时俱进，是每一个文化传承项目所面临的核心问题。佘山镇社区学校对此有着深入的探索和实践。学校始终坚持传统文化不应成为历史的封闭博物馆，而应与现代生活相互融合，共同创造新的价值这一核心理念。学校倾力打造了一系列充满创意的场所和活动。传统手工艺品市场不仅展示了传统的制作工艺，更引入了现代的设计理念和市场营销策略，使得每一件手工艺品都成为现代生活中的艺术品。这种传统与现代的融合，是对传统文化核心价值的重新诠释和弘扬，与人们的日常生活紧密相连，吸引了当地居民，受到年轻人的喜爱。在欣赏传统艺术和工艺的过程中，人们重新发现和认同自己的文化根源，深入体验和感受传统文化的魅力和深度，真正实现了文化的传承与发展。其中，"布知布觉"社区学习坊致力于用现代审美对松江布进行"再设计、再定义"，注入"生态"与"情感"，连续三年编写《松江布》系列推荐用书、建设配套微课、推进体验活动，以配饰、玩偶、服饰等形式让松江布回归时尚潮流，让老布焕发新活力。学习坊积极探索线上课程模式，将传统课程转型为线上课程，突破线下教育的围墙，将优质的课程资源推广至社区，2022年11月至2023年10月总计开展市民体验学习活动200场，参加人数达5000人。

图10　佘山镇社区学校开展"墨香女性课堂"松江布香囊制作体验活动

图11　松江布作品展示

四、项目的创新性与可推广性

（一）创新性

1. 活化传统文化

本项目对传统文化的保护和传承远远超出了简单的物质文化遗产修复，打破"观赏"的传统模式，将教育与实践体验相结合，为居民学员提供了一个全方位、多角度的文化体验平台。通过与各级各类机构的紧密合作，项目不仅为参与者提供了看和听的场所，更重要的是为他们提供了实际操作、实践体验的机会。学员亲自尝试制作传统手工艺品，与专业学者深度交流，更深入地了解和感受到文化的魅力。文化遗产不再是一个被封存的"展览品"，而是与日常生活紧密结合的部分。这种方式不仅为传统文化的传承开辟了新的途径，也为城市的文化发展注入了新的活力。

2. 社区学校主导

本项目特别强调了社区学校的参与和主导地位，真正与当地社区结合，确保项目与当地居民的文化需求相匹配。项目培训和激励当地居民参与，确保获得相应知识，加深对本土文化的理解和认同。这种模式大大提高了项目的可持续性和受众认同度。

3. 传统与现代有机结合

在追求文化保护的同时，本项目也充分考虑到现代人的生活习惯和审美需求，避免盲目追求传统或现代。在设计和实施过程中，始终坚持找到一个平衡点，将传统文化的核心价值与现代设计理念和技术有机结合。这样，不仅能够保留传统文化的原初魅力，还能够满足现代居民的实际需求和审美体验。

（二）可推广性

1. 模块化的实践方式

本项目体现了模块化的运作方式，每个模块都被设计为可以独立运作的部分，方便了项目的管理和执行，增强了项目适应性和灵活性。比如，体验模块可以独立地为居民学员提供文化体验活动，不干扰其他模块的进展。更重要的是，这些模块可以根据需要进行组合，以适应不同的项目和环境。

2. 响应传统文化保护政策

当前，政府正积极推动传统文化的保护、传承与复兴。本项目积极响应国家政策，探索如何有效地保护和传承文化遗产。通过深入挖掘地方文化特色，结合现代生活需求，创新文化实践方式，将地方传统饮食文化转化为现代家庭的餐饮选择，将传统服饰融入现代时尚趋势，将各种传统习俗和节日活动重新设计，使之融入居民的日常生活并符合现代社会的审美标准和实际需求。将文化融入日常生活实践中，体现出对传统文化的深度尊重和全面保护，使文化传统在现代生活环境中焕发新生。这种自然的传承方式使文化传承变成社区居民主动参与和共创的过程，传统文化在社区居民中生根发芽，形成了鲜活的、可持续发展的文化生态。这种模式具有创新性、实用性和可推广性，为中国传统文化的保护和复兴提供了一个可行路径。

3. 与各类机构合作共建

本项目充满创新与合作精神。与多家旅游企业、教育机构以及社区团体的深度合作，为项目注入了丰富的资源，使项目成为一个多元化、综合性的文化交流传承平台。多家旅游企业利用自身的平台和资源，对项目进行了广泛的宣传和推广，使更多的人了解并参与到项目中；各级各类教育机构为项目提供了丰富的学术支持和研究资源，项目也为学生和教师提供了一个实地学习和研究的平台，二者紧密结合，相互促进；社区团体作为项目的重要合作伙伴，为项目提供了丰富的资源和支持，搭建了与当地居民沟通的桥梁，是项目得以深入当地居民生活的关键。本项目是一种跨界合作模式的典范。这种模式为项目带来了丰富的资源和支持，为其他文化遗产保护项目提供了一个可供参考和学习的模板。文化遗产保护需要广泛合作和参与，是利益相关者的共同任务。开放、合作和共享，可以有效地保护和传承文化遗产，使其发挥更大的社会价值和影响力。

主要参考文献

［1］袁磊，隋丹妮，张旭，等.民族地区社区教育传承优秀传统文化的现实困境与实践路径：以广西龙胜各族自治县为例［J］.现代远距离教育，2022（3）.

［2］方佳.非物质文化遗产传承教育发展探析：基于社区教育视角［J］.广州广播电视大学学报，2022，22（2）.

［3］陈国宝，孟璐.社区教育服务传统文化传承的路径思考：基于游学的思考［J］.职业教育（中旬刊），2023，22（17）.

［4］林丹丹，程豪.耦合·缘何·如何：社区教育助力社区文化发展［J］.中国成人教育，2019（23）.

［5］相金星，郭振华，王立军."共同体意识"背景下中华优秀传统文化社区教育的新思考［J］.中国成人教育，2020（23）.

Energy & Water Conservatio
Carbon Reduction
Open Spaces Creation

En

Community

Citizen Engagement
Affordable Housing Construction

Economic Development
Capital Projects

11 社区达人可持续参与社区治理的有效路径探索

——以上海市闵行区吴泾镇为例

戴娟娟

（闵行区吴泾镇社区学校）

案例概况

项目名称	社区达人可持续参与社区治理的有效路径探索——以上海市闵行区吴泾镇为例		
项目实施机构	上海市闵行区吴泾镇社区学校 上海市闵行区吴泾镇党建协调室		
所属行政区	闵行区		
核心合作／支持单位	中共上海市委党校 华东师范大学 中共上海市闵行区吴泾镇委员会		
项目运作时间	2022年9月	项目结束时间	2023年12月
项目拟解决的关键问题	研究社区达人参与社区治理的内在原因、培育方式、成长路径，维持社区达人参与社区治理的效能，使其可以持续赋能社区治理，寻找、建立和夯实适应现代化社区治理需求的"新支点"		
对应的可持续发展目标／领域（勾选）	☐ 社区健康教育　　☑ 社区和谐发展 ☐ 社区环境教育　　☐ 社区职业能力		
主要服务对象群体（勾选）	☐ 老年人　　　　　　　　☐ 儿童与青少年 ☐ 在岗职工　　　　　　　☐ 外地来沪从业者 ☐ 残障人员　　　　　　　☐ 女性群体 ☐ 全体居民（无特定指向）☐ 创业群体 ☑ 其他（请详细注明）		
主要经费来源（勾选）	☐ 市级财政教育预算　　☐ 区级财政教育预算 ☑ 本单位自筹　　　　　☐ 社会资助 ☑ 其他渠道（请详细注明）		
项目联系人	戴娟娟		

一、项目背景

2022年6月，"大上海保卫战"过后，疫情封控期间成立的社区志愿者队伍并没有就地解散，而是持续参与社区事务，成为社区达人，热心社区公益事务和社区治理工作，自愿通过发挥自身资源、特长，共同参与到吴泾镇的基层社区治理工作中。

党的二十大报告提出"完善社会治理体系。健全共建共治共享的社会治理制度""建设人人有责、人人尽责、人人享有的基层治理共同体"。社区治理，既是基层治理的"最后一公里"，也是人民群众感知公共服务质效和温度的"神经末梢"。面对不断"升级"的社区治理需求，居村委员会已然不能"包打天下"，只有转变治理思路，寻找适应现代化社区治理需求的"新支点"——社区达人。社区达人能力、参与路径、作用多样化，在一定程度上可以有效缓解社区治理困境。从长远来看，如何维持社区达人参与社区治理的效能，使其可以持续赋能社区治理，成为吴泾镇党委、政府和社区共同关心的议题。

本项目在中共上海市委党校的支持下，把吴泾镇现行的社区达人培育机制作为研究对象，通过问卷调查、深度访谈等，重点研究社区达人参与社区治理的内在原因、培育方式、成长路径，为社区达人可持续参与社区治理提供吴泾的实践智慧。

二、具体做法

2023年7月至8月，学校面向吴泾镇28个居村的社区达人开展线上调研，回收有效电子问卷1027份。同时，以半结构访谈法的方式，深入社区开展4场访谈，访谈对象有居村党组织书记、社区工作者、业主委员会等，切实了解社区达人参与社区治理的现状。

表 1　有效问卷统计调研样本基本情况

项目	类别	人数	比例（%）
年龄	18~35岁	130	12.66
	36~45岁	246	23.95
	46~60岁	270	26.29
	60岁以上	381	37.10

项目	类别	人数	比例（%）
文化程度	初中及以下	240	23.37
	高中	266	25.90
	大学及以上（包括大专）	521	50.73
政治面貌	党员	491	47.81
	非党员	536	52.19
居住时间	1年以下	39	3.80
	1~4年	134	13.05
	5~8年	184	17.92
	8年以上	670	65.24

随着闵行区"美好社区"治理学院吴泾分院的建成，吴泾镇逐渐形成集"挖掘、培养、展示、使用"于一身的社区达人运行机制，积极建设"人人有责、人人尽责、人人享有"的基层治理共同体。

（一）多层次、广角度挖掘社区达人

根据统计，在吴泾镇参与社区治理的社区达人中，36~60岁的占50.24%，大多数社区达人是就业年龄段群体，有一定的工作阅历、专业技能和社会资源。学校主要通过三种形式挖掘社区达人。一是保持社区联系。居村党组织、委员会通过日常走访和日常便民服务，形成以楼组骨干为主的社区人才库。在此基础上，通过举办各类社区活动、社区治理微论坛等，让社区人才对所在社区产生归属和认同，引导参与社区治理。二是个人自荐。部分"两代表一委员"、在职党员、机关企事业单位党员等，主动到居住地党组织报到并认领服务岗位、领办工作任务。他们结合自身特长和优势，通过承诺践诺、志愿服务、社区服务、参与居村党群服务站标准化规范化建设等，成为美好社区合伙人。三是重视邻里推荐。根据社区文体团队或者现有社区达人的推荐，通过召开社区党群议事会、居村民恳谈会等方式，识别出在社区中有一定影响力和资源的潜在的社区达人，居村委员会主动建立联系并进行招募。

（二）多举措、全方位培育社区达人

调查显示，23.86% 的社区达人没有参加过与社区治理工作相关的培训或学习，期待通过向外部学习来更好地参与社区治理。镇党委根据调研需求，积极为社区达人提供平台与支撑，做实三根主线。一是成立家园工作室。在"美好社区"治理学院吴泾分院成立"泾治家园工作室"，依托华东师范大学的学科优势和教学优势，设置"社区达人"精品班等培训班，邀请专家、职能部门骨干等对社区达人进行小班化培训，实施社区达人梯队建设。二是汇编基层治理教材。根据社区和社区达人对培训的双向需求，基于吴泾镇镇情和社区治理概况，组织基层治理重点成员单位研发党建引领基层治理通用教材，既包括社区治理实务课程，又涵盖与社区治理息息相关的法律政策，提升社区达人的实践力。三是落实导师带教制度。根据社区达人成长意愿，安排分院顾问团、讲师团与社区达人开展一对一结对带教，通过日常沟通交流、传授群众工作技巧、分享治理案例等，为达人的成长"画好像""把好脉""铺好路"。

（三）多平台、宽领域展示社区达人

通过问卷调查，发现社区达人不愿意继续参与社区治理的两大原因分别是"缺少支持"和"缺少认可"。为进一步推动"人人都能有序参与治理"，引领更多的居民达人，汇聚社区治理正能量，学校积极构建三大展示平台。一是搭建学习交流平台。定期举办项目路演，让社区达人围绕亲身参与的"美好社区"项目发表主旨演讲或进行案例分享，对社区达人参加教育培训、参与实践项目的阶段性成果进行展示，帮助社区达人理清工作思路，实现自我成长和进步。二是开展系列宣传报道。依托新媒体宣传平台以及线上微课，在全域范围内发布社区达人参与社区治理的典型事迹、宣传故事等，展现社区达人深耕社区、服务居民、引领自治共治的风采，让社区居民认识达人、了解达人、学习达人，激发社区治理活力。三是组建社区达人沙龙。根据社区达人的兴趣爱好和特长，组建社区达人沙龙。每季度在居村党群服务站开展一次面对面交流，邀请专家学者、社区居民共同参与，畅谈对"美好社区"的体会，分享参与社区治理的好经验和好做法，营造有利于壮大社区达人群体的社会环境。

（四）多维度、分类别用好社区达人

挖掘、培育、展示的目的在于使用。调查显示，有94.35% 的社区达人愿意继续参与社区治理。吴泾镇按照先认证后使用的原则，形成三项具体举措。一是发布认证体系。针对有一技之长、热心公益的社区达人，依托"美好社区"治理学院吴泾分院研发社区达人认证评价体系，授予社区关系调解达人、社区文化艺术达人、社区环境保护达人、社区智慧助老达人等七类称号，并向社区反馈，鼓励社区达人做好示范、当好表率。二是认领公共议题。针对号召能力强、群众基础好的社区达人，定期组织参加相关居村的党群议事会以及治理项目评估会，让社区达人以项目化的形式认领物业管理、旧房改造、加装电梯、文明养宠等社区公共议题，鼓励社区达人自行招募社区骨干组建项目团队，成为居村委员会、社区志愿者等治理队伍的有益补充。三是扩容培训师资。邀请善于表达、思维缜密的社区达人成为治理学院吴泾分院讲师、"美好推荐官"，分主题、分系列参与社区治理的课件制作、课程讲解、案例汇编等，为居民提供相关的培训和指导，提升居民的参与能力和治理水平。目前，已有4名社区达人成为"社区达人"精品班的带教老师。

三、项目成效

（一）社区治理队伍进一步发展壮大

通过开展个性化培育，社区达人能准确定位自身作用能级，在应对生活垃圾分类、小区物业管理等社区治理重难点问题中担起重任，成为居村的后备力量，形成以身边人、身边事鼓励和引导其他居民群众走出家门、参与社区治理的有效途径。吴泾镇现有具备一技之长和动员能力的镇级备案社区达人689名。其中，紫竹半岛居民区开展新一轮招募，社区达人从原来的102名增加至237名。社区达人还积极融入新的业委会筹建工作当中，成功被票选为新一届业委会委员。

（二）社区治理手段进一步升级多元

为了进一步促进社区达人可持续参与社区治理，社区还逐步升级社区治理参与平台，引入数字化技术和在线工具。这些平台既为社区居民提供了便捷的参与渠道，又能吸引更多的不同背景和专业领域的人，通过在线投票、网络讨论等方式参与社区事务的决策和治理。比如，紫竹半岛居民区通过微信群、发放电子问卷等形式向居民征集关于社区治理"微"心愿，最终形成年度九大公共议题；嘉怡水岸居民区青年社区达人通过召开视频会议，讨论社区外墙维修事宜，帮助形成更全面和合理的解决方案。

（三）共建共治理念进一步深入人心

社区达人的培育是凝聚社区共识、引导共同参与的过程。随着越来越多的人在培育过程中崭露头角，社区达人参与社区治理的程度也在不断提高，从最初的"普通参与者"到现在的"责任承担者"，为社区治理提供解决方案和创新思路。社区达人通过学习交流、参与授课、项目路演、经验分享等活动，把共建共治理念、志愿服务精神、项目经验成果等在更深领域中和更广范围内进行传播，激发出更多居民群众服务社区、参与治理的热情。

（四）美好社区营造进一步形成显现

通过学习交流平台的搭建，把社区达人培育成基层治理的骨干力量。社区达人及其团队组织的各类公益、文体活动和志愿服务增加了居民接触和交流的机会，让相互疏离的居民重新联结起来，拓宽了居民因工作、家庭事务繁忙而日渐紧缩的社交空间，破解了居民对社区的认同感和归属感不强、参与社区事务热情不高的社区治理难题，让"陌生人社区"重新回归有亲情、有温度、有活力的"熟人社区"，推动人人参与社区治理，人人享有社区建设成果，不断提升居民群众的获得感、幸福感。

（五）基层治理效能进一步提质飞跃

基层治理的关键在于人，社区达人作为社区里的活跃分子、居民自治团队的带头人，通过培育和引导，提高了组建团队、开展项目、服务居民、传播正能量等各方面的能力。在一次次的参与、学习和实践中，社区达人成为基层治理的"专家"，带动更多的社区居民从参与活动、享受服务到参与自治、提供服务，在潜移默化中提升了党建引领基层治理的实效。比如，在吴泾新村老旧工房成套改造项目中，社区达人通过开展"我为旧改献一计"主题研讨、认领楼道宣传项目等，在45天内使已开展签约楼栋的签约率从76.62%提升到91.50%，为旧改工作按下快进键。

四、项目的创新性与可推广性

（一）打造社区治理的赋能平台

高标准建成"美好社区"治理学院吴泾分院，开设"社区达人"精品班、"三长骨干"轮训班、"红色物业"专题班等，打造集发现、挖掘、培训、使用于一身的社区达人培养路径，形成7个类别的"泾彩第一湾"社区达人认证体系，让社区达人以认领项目的形式可持续参与基层治理。针对社区治理难点堵点，发挥高校智库作用，汇编基层治理通用教材和工作案例集，为基层治理注入原动力。

（二）拓宽解决问题的议事渠道

充分挖掘社区内的议事平台以及社区文化品牌系列活动，让居民群众在社区达人的引领下，全流程参与解决社区治理问题，实现议事决策由"单方定"转变为"众人议"，不断提升社区达人参与社区治理的能力，使其成为推动社区可持续发展的生力军。

（三）打造多元参与的治理路径

社区达人在持续参与社区治理的过程中，逐渐成长为推动社区治理的中坚力量，并以点带面，广泛组织动员居民群众加入社区治理，居村党组织、居村委员会、社会组织、社区共建单位等多元主体力量的参与和融合，为社区达人可持续参与社区治理提供了有力支持和保障。

主要参考文献

［1］胡志平，许小贞.城市社区公共文化服务供给何以精准：社会企业视角［J］.中共中央党校（国家行政学院）学报，2021，25（6）.

［2］张蕴潇，杨菁菁，石玉然.疫情防控常态化下提升社区动员能力的对策［J］.河北企业，2023（1）.

［3］韦仁忠.关系式社区动员：提升城市治理效能的角色、困境及实践路径［J］.四川大学学报（哲学社会科学版），2022（6）.

［4］蔡斯敏.城市基层社区动员效能提升的困境与路径探析［J］.北方民族大学学报，2022（5）.

［5］范斌，赵欣.结构、组织与话语：社区动员的三维整合［J］.学术界，2012（8）.

［6］毛一敬.党建引领、社区动员与治理有效：基于重庆老旧社区治理实践的考察［J］.社会主义研究，2021（4）.

［7］池建东.社会治理现代化背景下城市社区动员研究：基于上海市 X 区的调查与思考［J］.河南工业大学学报（社会科学版），2017，13（3）.

12 志愿活动助力青少年综合素养提升

——以闵行区为例

庞晓芳　赵丽娜

（闵行区社区学院）

案例概况

项目名称	志愿活动助力青少年综合素养提升——以闵行区为例		
项目实施机构	上海市闵行区社区学院		
所属行政区	闵行区		
核心合作 / 支持单位	闵行各社区学校		
项目运作时间	2022年7月	项目结束时间	2023年9月
项目拟解决的关键问题	通过发挥社区教育覆盖广、互补强的特点，在各类优质教育资源相互补充、相互融合的基础上，开展各类面向青少年的社区教育活动；通过社区教育志愿活动，家校社协同，延展社区教育育人空间，凝聚社区教育协同育人力量，培养区域中小学生善学、乐学、会学能力，提升中小学生综合素养，为家庭、社区的和谐发展助力		
对应的可持续发展目标 / 领域（勾选）	☐ 社区健康教育　☑ 社区和谐发展 ☐ 社区环境教育　☐ 社区职业能力		
主要服务对象群体（勾选）	☐ 老年人　　　　　　　☑ 儿童与青少年 ☐ 在岗职工　　　　　　☐ 外地来沪从业者 ☐ 残障人员　　　　　　☐ 女性群体 ☐ 全体居民（无特定指向）☐ 创业群体 ☐ 其他（请详细注明）		
主要经费来源（勾选）	☐ 市级财政教育预算　　☑ 区级财政教育预算 ☐ 本单位自筹　　　　　☐ 社会资助 ☐ 其他渠道（请详细注明）		
项目联系人	庞晓芳　赵丽娜		

一、项目背景

为深入贯彻《中华人民共和国家庭教育促进法》《关于进一步减轻义务教育阶段学生作业负担和校外培训负担的意见》《上海教育现代化2035》《上海市教育发展"十四五"规划》《闵行区教育发展"十四五"规划》等文件精神，完善家校社协同机制，闵行区社区学院响应国家新政策、关注居民新呼声、立足青少年成长新需求，于2022年7月全面启动通过志愿服务助力青少年综合素养提升的系列活动。志愿者在整合家校社各方资源的基础上，结合青少年需求，将体育、美育、劳动教育等融入活动项目，尝试为青少年提供个性化的学习资源、人文化的学习环境、更有温度的教育服务和泛在灵活的学习体验。

二、具体做法

（一）聚合多维资源，传播教育理念

1. 打造线上阵地

社区学院统筹闵行教育、今日闵行、百姓网等微信公众号，开辟"家社汇"专栏；建设一批家庭教育网上微课，建立智慧父母网上微课堂；定期开展在线直播课堂和"智慧父母"网上读书会、读书大赛等活动。社区学院则通过"云课堂""议述家""颛心益讲""莘庄心理云课堂"等微信公众号和"今日闵行"平台，为广大市民提供在线学习、心理辅导、亲子体验和家庭教育服务，大力宣扬家庭教育理念。

2. 开拓联动项目

设立"家育五灵"跨区家庭教育共同体项目，以"培养百名家庭教育指导师、百个家庭教育成功案例、百个学习型示范家庭和千堂家庭教育微课、万个受益家庭"为目标，落实团队建设、课程安排、活动组织、机制建设和成效展示。该项目获评2022年全国终身学习品牌项目。

3. 开通配送平台

建立闵行区社区家庭教育课程配送平台，通过菜单式送教上门的形式，将家庭教育相关课程和"智慧父母成长丛书"及闵行区终身教育课程资源等配送到社区邻里中心、街镇家长学校等机构，同时发放家庭教育相关宣传资料。

4. 建立体验中心

依托闵行区社区家庭教育体验中心，引导高校和社区为家庭教育开发新课程，盘活区域内各类教育学习资源。建立"社校联盟"平台，促进家庭—学校—社会"三教"的深度融合。

（二）开展专题培训，实现精准赋能

高质量开展青少年综合素养提升活动，一支高素质的社区教育志愿者队伍必不可少。为了开展好社区教育志愿者的培训工作，夯实社区教育事业的人力基础，学院制订培训方案，有计划、有针对性地对工作站点的志愿者进行培训。

信息素养类培训。培训内容涵盖数字化转型、混合式教学设计、网络安全与信息安全等。通过培训，提升了教师信息素养、教育教学和志愿服务能力，为信息技术与教育教学的融合创新发展，为推动闵行青少年综合素养提升行动起到了积极的作用。

区域骨干类培训。培训内容主要涵盖社区教育如何助推社区治理，社区教育教师如何提升推介能力，社区教育教师如何提升专业能力等；同时配备了业内经验丰富的教学名师，十多位社区教育教学名师，结合自己所授科目，分享社区教育教学经验。通过开展骨干师资、助学服务团队培训，全方位提升了社区教育志愿者师资的服务素养。

全民普及类培训。闵行社区教育志愿者借助市学习型社会指导办公室开展的"申学书院—市民大讲堂"在线直播节目，动员广大社区居民积极参与，受益面普及全区各街镇，产生了良好的社会反响。

（三）对接学生需求，打造项目课程

闵行区社区教育志愿服务工作站问需于民，整合区域内优质教育资源，优化资源配置，运用数字化手段，首批推出包括5门精品公益课程在内的"2022年闵行乐学少年综合素养培育课程"，深受家长和学生好评。

表1　2022年闵行乐学少年综合素养培训课程概况

课程类别	课程名称	课程简介
生活技能	烹饪课程（基础）	通过烹饪课程的学习，掌握一些家常小菜或者具有上海本地区域特色菜肴的原材料、调料配备及基本烹饪制作技艺和流程；课程注重引导学生从现实生活的真实需求出发，亲手操作，亲自品鉴；了解基本的营养知识、饮食文化、礼仪文化、美食欣赏等，培养会生活、会欣赏和美化生活的能力；将培养学生的劳动观念和劳动精神贯穿在烹饪课堂的教学过程中，提高学生的想象创作能力、创新思维能力和动手实践能力，满足学生居家独立生活以及提升家庭生活氛围感的需要

续表

课程类别	课程名称	课程简介
航天航空科普	航天 +STEAM	青少年是国家航天事业的未来，面向青少年开展航天工程科普活动十分重要。航天工程技术复杂密集、规模庞大，航天科普课程的设计结合了应用系统工程思想并遵循科学性与教育性，采用融入趣味性、可探索性、可实践性的项目式教学模式，通过科学设计课程与活动，在寓教于乐、激发兴趣、普及航天技术与知识的同时，满足学生对航天科学与技术的好奇心，激发对航天科技的兴趣和热爱，让学生从身体到大脑、从大脑到心灵探索航天知识，体验航天科技，感受航天文化，践行航天精神
	青少年航空无人机科技	通过学习青少年航空无人机科技，了解航空无人机起源、发展及应用，培养青少年对航空科技、无人机人工智能科技的兴趣，加强和提高青少年的动手技能、专注力和自信心。课程活动分理论知识学习和操纵制作两部分，寓教于乐，趣味拓展
创客基础	创意设计—3D打印笔	3D 打印技术能具化很多课程中的抽象概念，使孩子们的想象变为可以看得见摸得着的东西；该课程的学习，让孩子们学会 3D 打印笔的基本使用方法，引领孩子们创作自己的创意作品，从平面到三维、从简单到复杂、从单一作品到拼装作品，让孩子们理解从平面到三维的转换，形成空间思维，动手动脑，发挥创意
	micro：bit 图形化智能编程课程	micro：bit 是一款由英国广播电视公司（BBC）推出的专为青少年编程教育设计的微型电脑开发板。本课程让学生从最基本的硬件和编程开始学习，培养综合素质，让学生像科学家、工程师一样思考、探索和解决问题；激发学生深入学习硬件和编程的兴趣，课程直观的展示效果能激发学生的学习成就感；培育学生初步的创新能力，能够基于现有知识和能力设计和开发新的系统乃至新的产品，优秀作品可直接参加省市及国家级科技创新比赛

表 2　2022 年闵行区社区学院综合素养培育课程表（暑期）

课程类别	课程名称	教学点	上课时间			地址
			星期	日期	时间	
生活技能	烹饪课程（基础）	吴泾镇社区学校紫竹邻里中心	一	8月1日	13：30—15：30	东川路333弄厨艺教室
			一	8月8日	13：30—15：30	
			一	8月15日	13：30—15：30	
			一	8月22日	13：30—15：30	
			一	8月29日	13：30—15：30	
		梅陇镇社区（老年）学校晶城校区	一	8月15日	9：00—11：00	兴南路385号三楼
			三	8月17日	9：00—11：00	
			五	8月19日	9：00—11：00	
			一	8月22日	9：00—11：00	
			三	8月24日	9：00—11：00	
		华漕镇社区学校金丰邻里中心	一	8月1日	9：00—11：00	金丰路121弄44号
			二	8月9日	9：00—11：00	
			二	8月16日	9：00—11：00	
			二	8月23日	9：00—11：00	
			六	8月27日	10：00—12：00	

续表

课程类别	课程名称	教学点	上课时间			地址
			星期	日期	时间	
航天航空科普	航天+STEAM	吴泾镇社区学校紫竹邻里中心	五	7月22日	09：00—11：00	东川路333弄科普教室
			五	7月29日	09：00—11：00	
			五	8月5日	09：00—11：00	
			五	8月12日	09：00—11：00	
		浦江镇社区学校青少年社区文化活动中心	五	8月5日	09：00—11：00	永寨路375号
			五	8月12日	09：00—11：00	
			五	8月19日	09：00—11：00	
			五	8月26日	09：00—11：00	
	青少年航空无人机科技	吴泾镇社区学校紫竹邻里中心	二	7月26日	09：00—11：00	东川路333弄科普教室
			二	8月2日	09：00—11：00	
			二	8月9日	09：00—11：00	
			二	8月16日	09：00—11：00	
		华漕镇社区学校国际社区文化活动中心	六	8月6日	14：00—16：00	纪翟路550号210室
			六	8月13日	14：00—16：00	
			六	8月20日	14：00—16：00	
			六	8月27日	14：00—16：00	

续表

课程类别	课程名称	教学点	上课时间			地址
			星期	日期	时间	
创客基础	创意设计—3D打印笔	吴泾镇社区学校紫竹邻里中心	三	8月3日	09：00—11：00	东川路333弄科普教室
			四	8月4日	09：00—11：00	
			三	8月10日	09：00—11：00	
			四	8月11日	09：00—11：00	
			三	8月17日	09：00—11：00	
			四	8月18日	09：00—11：00	
			三	8月24日	09：00—11：00	
			四	8月25日	09：00—11：00	
	micro：bit图形化智能编程课程	吴泾镇社区学校紫竹邻里中心	三	8月3日	13：30—15：30	东川路333弄科普教室
			四	8月4日	13：30—15：30	
			三	8月10日	13：30—15：30	
			四	8月11日	13：30—15：30	
			三	8月17日	13：30—15：30	
			四	8月18日	13：30—15：30	
			三	8月24日	13：30—15：30	
			四	8月25日	13：30—15：30	

（四）聚焦街镇特色，打造品牌活动

在全方位的课程统筹安排下，14个街镇社区教育志愿服务点结合各自特色，开展了形式多样的社区教育志愿服务，形成了系列品牌活动。

1. 让劳动教育的价值融入"闵小厨"活动中

吴泾镇"闵小厨"系列志愿服务活动目前已成功开展多期常规型的厨艺课程。"闵小厨"走进华东师范大学第二附属中学附属初级中学的劳动教育课程，发挥课程"以劳育人"的价值与功能；走进华东师范大学附属紫竹幼儿园，培养幼儿的劳动素养，促进亲子间的情感交流。"闵小厨"系列志愿服务活动聚焦学习需求，与家门口的服务站建设结合，打造"15分钟学习圈"，努力实现家校社资源大融合，

孩子们不用走出小区就能获得优质的学习资源。与大中小学生劳动教育融合，打造"全域一盘棋"，形成独特的教育资源，强化劳动教育的价值和意义。"闵小厨"系列课程及活动作为"闵行乐学少年"综合素养培育行动中的重要一环，得到了社会各方的肯定，先后在央视新闻、央视网、学习强国、青春上海、今日闵行等多家各级各类媒体平台多次报道。"闵小厨"系列志愿服务活动的持续开展，助力"闵行乐学少年"项目顺利开展。

2. 让传统教育的元素融入"诵经典"活动中

梅陇镇组建学生读书社团，营造良好读书氛围。学习强国平台联合人民教育出版社，以"一起读课文"为主题，面向大中学生以及全社会朗读爱好者开展朗读音频作品征集活动。特邀闵行区实验小学明星教师陈晓蕾为青少年群体开设在线朗读指导讲座，通过朗读课本中的经典篇目，提升语言文字素养和思想品德、审美情趣、意志情操，引导孩子们通过重温中华优秀传统文化、革命文化和社会主义先进文化经典作品，用声音的力量增强文化认同感和文化自信，弘扬和培育民族精神。征集到的优秀作品，被推荐到街镇并上报至学习强国平台，已有部分作品入选。在镇党群服务中心设立小博士科普读书社活动点，为该活动点配送《科学家带你读科幻》《十万个为什么》《二十四节气》等系列丛书和小博士科普读书社专属笔记本，为青少年提供开展科普书籍阅览的开放空间。引导青少年读好书、好读书并参加好书推介活动，将征集到的优秀荐书视频上报，小博士科普读书社的20多个视频入选上海学习网"品味书香 传递阅读力量"云端书房。

3. 将职业教育的启蒙融入"体验性"活动中

颛桥镇社区教育志愿者组织开展了初中生职业体验、主题研学、科普训练营及高中生志愿服务等活动。根据项目内容及工作性质招募各类社区教育志愿者，开展志愿者培训，加强培训、听课、指导，充分调动和发挥志愿者的积极性、主动性；制定课程目标、大纲，运用符合学生年龄特点的教育教学方法组织教学，优化体验课程的职业规划内容，将学生社区实践活动做实、做透、做亮。

4. 将爱国精神的培养融入"门票展"体验中

莘庄镇把闵行区爱国主义教育基地"莘庄镇门票文化展览馆"作为莘庄镇未成年人社区实践场地，招募讲解员、小辅导员，建立门票文化体验基地。门票展览馆开设以来，莘庄镇社区学校与上海市莘庄中学共建，每年暑期开展中学生志愿实践活动，聘任莘庄中学的十几名高中生作为讲解员，对暑期前来参观的学生团体以及居民进行讲解，并参与暑期青少年各类活动的管理。每年有一百多名中小学生以暑期夏令营或小队周末活动形式开展活动。通过对各类资源的整合和利用，越来越多喜爱门票文化的社区居民、在校学生积极参与进来，有效促进和激发市民对门票文化的了解和喜爱，传承和发扬门票文化的精髓。

5. 将讲好魔都的故事融入"共行走"活动中

虹桥镇社区教育志愿服务点利用暑期招募一批学生导学志愿者，开展"走一江一河 说好魔都故事"的线上线下人文行走活动，促使学生学会传承、学会分享、学会帮助他人，真正培养乐学、善学的青少年。项目得到各社区学生和家长的支持，乃至有部分家长追寻路线一起行走。学生志愿者们在行走中快乐学习、快乐分享，学习历史、把握现在、展望未来，学习文化传承，学会分享传播知识、传播文化，建立文化自信，学会为人处世，不断提升自我修养。

6. 将友好教育的理念融入"共读书"活动中

古美社区教育志愿服务点全方位调动社区教育优势，以读书活动为载体，开展了一系列形式多样、内容丰富、主题鲜明、效果突出的"乐学少年"项目活动，校内外共同驱动，建立起各领域的第一主持人制度以及常态互动和节点推进的实施机制。开展特色读书活动，如"小神兽课堂学智慧"等"四学"读书活动、"无忧心驿站"等家长课堂，引领青少年爱上读书，引导家长学会指导孩子读书。家校社联动，以"友好教育"为理念共识，精心制定了友好家长课堂、友好假期实践、友好手工体验、友好亲子活动四位一体的活动菜单，创新活动形式、丰富教育内容，助力友好社区环境的打造以及友好家庭氛围的形成，提高了青少年的自主阅读能力，提升了家长的家庭教育能力，增强家庭的和谐程度及对社区的归属感、幸福感，助推青少年友好社区的可持续发展。

表 3　2022 年古美社区教育志愿服务点家庭教育活动表

序号	时间	类型	合作单位	主题内容	体验形式	参与人数
1	2022年7月	父母	笑岚教育	友好大课堂：智慧父母系列讲座	线上	2678
2	2022年7月	亲子	笑岚教育	友好大课堂：学做人际交往达人	线上	1518
3	2022年7月	亲子	笑岚教育	友好大课堂：好习惯好未来——赢在初中	线上	1663

续表

序号	时间	类型	合作单位	主题内容	体验形式	参与人数
4	2022年7月	亲子	笑岚教育	友好大课堂：扣好人生第一粒扣子——幼升小升学指导	线上	1596
5	2022年7月至8月	亲子	笑岚教育	巧手体验课	线上＋线下	238
6	2022年9月	亲子	笑岚教育	友好大课堂：《上海市未成年人保护条例》解读	线上	1008

"闵行乐学少年"综合素养培育行动是学校教育力、家庭教育力和社会教育力三力融合的生动体现，特别是学校和社会教育力的融合，彻底打破学校和社区之间的壁垒。通过家校社协同，整合各类资源、创新学习方式、打造学习平台、开展丰富活动，提升青少年综合素养。

三、项目成效

（一）有效推动了青少年教育资源的整合利用

社区教育志愿者是整合社区人力教育资源、开发社区教育课程的有效载体。闵行区社区学院作为全区社区教育的服务指导单位，把社区教育志愿者服务青少年作为社区教育的重要工作。学院建立覆盖全区的社区教育志愿服务点，建立闵行区社区教育志愿者师资库，有效调配各方资源，区域内各级各类部门、中小幼学校、教学点、企业师资共有共享；通过"今日闵行"微信公众号，吸纳区内各方线上资源，14个街镇服务点分别定期推出主题鲜明、各具特色、有吸引力的微课程和直播课程以及组织线下大型文体活动，各服务点相互学习借鉴、取长补短，展示了闵行社区居民和谐进取的精神风貌。

（二）有序推进了青少年志愿队伍的量质齐升

项目建立了100人的闵行区家庭教育指导师志愿者队伍。通过上海家长学校培训平台，定期开展师资培训，推进家庭教育社会支持的科学化、规范化和可持续发展，满足普惠性的家庭教育公共服务需求。健全了闵行区家庭教育指导服务中心各项工作机制，在开展"闵行智慧父母课堂"、家庭教育专家队伍建设、隔代教育等业务的同时，加强对各街镇、工业区的家庭教育指导站的指导，使家庭教育在全区有效推进和铺开。

（三）有力实现了青少年活动指标的明显增长

项目启动至今，培训社区家庭教育志愿服务骨干师资数百名。全区社区居民通过集体学习、网上阅读、参加讲座、论坛、学习沙龙、学习成果展示等多种形式广泛开展全民阅读活动达28万人次。全区创建志愿者学习团队3000多个，活跃在各企事业单位和社区中，其中429个被确定为市、区两级优秀学习团队。14个社区教育志愿服务点中青年志愿者教师总计373人；闵行区社区教育讲师团总计290人；全区居村委教学点总计503个，社区教育志愿者人数总计3024人。

（四）持续激发了青少年社区活动的活力

在"今日闵行"平台开辟了"家社汇"专栏，把家庭、社区和学校紧紧联系在一起；联合闵行区融媒体在该平台上开设了"新闻""在线课堂""社校联动""亲闵家话""学在闵行"等栏目；借助闵行区社区学院官微，同步推送"智慧父母"在线课程，分享各种育儿经验、培训心得、活动体验。专栏的开通已获超过3.7万次点击量，带动很多家长转变了教育理念，参与到亲子陪伴和科学育儿中，实现了家庭—学校—社会"三教"深度融合。

充分发挥社区教育志愿者工作站、服务点的优势和施教力量，服务辖区居民。颛桥镇志愿服务点开设的"颛心益讲"直播课堂，内容丰富，已开讲11堂课，受众超5500人次；"莘庄心理云课堂"直播幼小衔接心理课程4节，点击量达百余人次；吴泾镇志愿服务点开展"泾彩尽在 乐学吴泾""隔代养育"系列公益讲座，线上线下共计14次，受益人群达4780人次。通过直播课堂和微信公众号充分将社区志愿者教师队伍资源进行整合，根据需求提供家庭教育志愿服务，深受社区居民的欢迎。闵行区工作站以各社区居委教学点为依托，积极开展各类人员的教育培训活动，提高社区居民文化素质，居民受众率达到70%以上。

四、项目的创新性与可推广性

（一）项目开发有迹可循，区域推广无缝衔接

在"双减"政策背景下，闵行区社区学院充分发挥自身优势，以提升青少年综合素养为宗旨，以满足青少年个性化成长需求为目标，整合区域内优质资源

和师资力量，开发丰富多样的系列课程。课程设置门槛低，形式易推广，内容易挖掘，其他区域完全可以加以借鉴，因地制宜开发类似课程。各街镇社区都有自己的特色场馆和教学点，并开发了相应的特色课程，优质课程可以在区域层面进行展示交流，街镇间可以在教学资源和师资力量方面互通有无，在交流的过程中不断完善，拓展优质课程的辐射范围，保证青少年活动的多样性、趣味性与可推广性。

（二）深挖区域人力物力，打造社区活动合力

在整合课程资源和组织师资力量过程中，充分利用社区学院优势，挖掘区域内各类特色学习场馆、终身教育学习点、社会优质机构、科创类企业等优质学习资源；利用志愿者服务平台，招募有专长又乐于参与志愿服务的社会各界人士加入其中。志愿者队伍中既有长期坚持致力于社区志愿服务的人民教师、高校学生，也有具备一技之长的手艺人，既有非遗文化的传承者，也有热心公益的科研工作者，为志愿服务工作的顺利开展提供了新鲜、强大的支撑力量。

为充分发挥家长在家庭教育中积极的引导作用，通过线上线下各类途径，开设家庭教育类课程，为广大市民提供在线学习、心理辅导、亲子体验和家庭教育服务，大力宣传家庭教育理念，为青少年的综合素养提升营造良好、积极的家庭氛围。项目通过志愿服务主题活动，让社区成为提升青少年综合素养的校外孵化空间和成长基地，链接学校、校外非学科培训机构、各类社会学习场所、企业等资源，有效探索校外社区教育新模式，构建起以学校为主体、家庭为基础、社会各方全面参与的育人体系，积极探索学校家庭社会协同育人新机制。

（三）勇于创新不断尝试，注重凝练活动品牌

为了满足青少年个性化的学习需求，鼓励各学习点、社区学校大胆尝试，勇于创新，把握区域特点，依托区域优质场馆资源和师资力量，了解孩子兴趣，根据孩子需求来设计开发相关课程，不拘泥于形式、不限定主题，因地制宜进行探索，丰富项目内容，给孩子以充分施展的舞台，为孩子们打开一本社区版的综合素质提升"教科书"。经过志愿者的精心设计，孩子们既有不用出小区即可参与的融合劳动教育的"闵小厨"系列线下厨艺课程，又有以线上线下相结合的方式朗读经典，用声音的力量增强文化自信的德育教育活动；既有自然与科学相融合的菜蔬种植培育活动，又有主题研学、科普训练营等体验活动；既有由志愿者引领青少年参与的读书、手工体验活动，又有青少年亲身充当志愿者的人文行走、场馆讲解

等活动。丰富多样的课程内容、线上线下相融合的教学形式，搭建起一个满足区域内青少年个性化学习需求和综合素养提升的新平台。

　　闵行区社区学院将继续丰富有潜质项目的内涵，开发出更多类型的课程，如以吴泾镇的"闵小厨"系列课程为基础，已经衍生出包含"闵小洁""闵小侬""闵小救"等在内的"闵小 X"系列课程，深受广大青少年喜爱；积极整合各方资源，促进家庭—学校—社会"三教"的深度融合，发挥社区教育独特的育人作用，为青少年综合素质提升提供优质的志愿服务项目，切实解决家长所急、社会所需，助力未来教育减负提质。

13 "棉花的一生"特色课程群建设

——本土农耕文化的传承与创新

顾一帆　王洁玲

（金山区廊下镇社区学校）

案例概况

项目名称	"棉花的一生"特色课程群建设——本土农耕文化的传承与创新
项目实施机构	上海市金山区廊下镇社区学校
所属行政区	金山区
核心合作/支持单位	景红林民俗文化体验基地

项目运作时间	2022年9月	项目结束时间	2025年6月

项目拟解决的关键问题	1. 探索二十四节气文化与本土棉花优势产业的有机结合； 2. 促进劳动实践方式、终身学习内容与本土终身学习文化的紧密联系； 3. 助推优秀本土文化的传承与创新，助力乡村振兴和乡风文明建设
对应的可持续发展目标/领域（勾选）	☐ 社区健康教育　　☑ 社区和谐发展 ☐ 社区环境教育　　☐ 社区职业能力
主要服务对象群体（勾选）	☑ 老年人　　　　　　　　☑ 儿童与青少年 ☐ 在岗职工　　　　　　　☐ 外地来沪从业者 ☐ 残障人员　　　　　　　☑ 女性群体 ☐ 全体居民（无特定指向）　☐ 创业群体 ☐ 其他（请详细注明）
主要经费来源（勾选）	☐ 市级财政教育预算　　☐ 区级财政教育预算 ☐ 本单位自筹　　　　　☐ 社会资助 ☑ 其他渠道（请详细注明）
项目联系人	王洁玲　顾一帆

一、项目背景

（一）地域概况

金山区廊下镇坐落于上海西南的东海之滨，杭州湾跨海大桥入口处，是上海连接浙江的主要门户。全镇总面积46.87平方千米，辖12个行政村、2个居委会、1个管理委员会，常住人口2.8万人（2022年）。廊下镇是上海市9个新农村建设试点先行区和12个市级现代农业园区之一，是国家现代农业产业园、上海市品牌示范园区、全国文明镇、国家卫生镇，也是国家级基本农田保护示范区、全国农产品加工业示范基地、全国农业旅游示范点。[①]

（二）项目背景

1. 立足本土的农耕文化

廊下镇始终坚守"农业立镇"的定位，重视农耕文化。学校紧紧围绕镇党委、政府在"十四五"规划中提出的以"绿色田园、美丽家园、幸福乐园"三大工程打造"乡村形·都市芯"的上海乡村振兴示范镇以及全国农业旅游示范点，积极开发"一校一品"项目，努力打造"有温度、有品质、有特色"的社区教育。

2. 源于学校的特色文化

2021年12月，学校成功创建首批上海市街镇社区（老年）学校优质校。二十四节气、土布文化是学校的特色品牌，为了使已有的特色文化能够得到进一步的传承、发展和创新，学校以"土布的源头是棉花"为灵感，以二十四节气为主线，着力打造"棉花的一生"土布学习坊，进行特色课程群研发，不断巩固优质校办学成果，进一步深化学校特色文化，丰富学校内涵。

3. 依托周边的社会资源

"棉花的一生"课程群研发实践基地选址在学校的民俗文化体验基地廊下镇景红林民俗文化体验点。该基地2019年被认定为金山区青少年社会实践活动教育基地和学生研学（劳动）实践教育基地，2021年被认定为上海市学生劳动教育基地。本项目得到了基地负责人的大力支持，除了基地的长廊和大棚，还安排了8亩土地，用于开展"棉花的一生"项目实践研究，进行土布学习坊建设。

（三）项目概要

学校结合金山教育总目标"让课程改革更深入、让师生关系更和谐、让学习

---

① 廊下镇简介［EB/OL］. 上海市金山区人民政府，2020–10–18.

经历更丰富、让教育服务更优质"，确立了"棉花的一生"课程理念——劳动创造美好，学习点亮生活（labor and learning light up a better life），明确了"棉花的一生"课程目标——让孩子们拥有童趣，让年轻人怀揣梦想，让老年人乐享生命。

在"种植—培育—采摘—纺织—土布—工艺品"这一进程中，课程蕴含着丰富的学习资源，融合了节气文化、土布文化与农耕文化、纺织文化以及劳动教育，形成线上线下课程，供各类人群学习体验。目前已建成文化类、工艺类、劳动类、科普类、技艺类、文创类六大类课程，多学科、多角度地开展课程开发和实践研究，形成五大模块的内容框架。

表1 "棉花的一生"课程体系

课程模块	课程分类	课程内容
德 德华课堂	文化类	"文化传承"——二十四节气民俗文化、廊下土布历史、廊下土布织造技艺、一朵"花"的中国故事、一朵"花"的成长之旅等
智 启发课堂	科普类	"探秘棉花"——"金山话"话棉花、节气里的棉花等
体 阳光课堂	技艺类	"廊下织梦"——搓棉条、学纺纱、学织布、纳鞋底等
美 融美课堂	工艺类	"乐活棉花"——棉花染色、棉花创意画、棉花插花、棉花钩花、棉花瓷盘画等
	文创类	"让土布活色生香"——开发创意手工、服饰等
劳 田间课堂	劳动类	"农艺棉田"——播种棉花、养护棉花、采摘棉花、剥棉籽等

二、具体做法

通过打造"棉花的一生"特色品牌学习项目，将学校已有的特色节气文化、土布文化进一步做强、做出特色。建设"棉花的一生"土布学习坊，充分发挥民俗文化体验基地、学生实践指导站育人功能，提高师资队伍、家长、学习团队的育人水平和学习效果。建立"棉花的一生"联合实践基地，实现"一群人""一群基地",共同研发"一群课程",多学科、多角度地给各类人群提供丰富的学习资源,达到文化育人、课程育人、实践育人、活动育人、协同育人目的,全力推进全民终身教育。

(一)注重课程队伍培育

加强校本课程队伍建设,鼓励引导学校每位教师积极参与课程实践、项目研究,促进教师自主学习、自主研究、自主发展。聘请"棉花的一生"特色课程群研发联合基地专家老师和负责人作为课程指导员。结合学校"大雁行动"特色项目(上海市终身学习品牌项目),成立"棉花的一生"特色课程群研发项目志愿者队伍,包括校本课程建设队伍、棉花种植队伍、纺织女能手队伍、巧手土布创意队伍,组织开展课程体验学习培训,培育"领头雁"。

图1　聘请课程指导员　　　　　　图2　成立项目志愿者队伍

图3　领头雁培训活动

（二）注重课程基地建设

2022年9月，学校完成"棉花的一生"土布学习坊建设。学习坊内划分不同区域，分别有集合活动区、棉花地劳动实践区、土布织造工具展示区、土布织造技艺体验区、土布艺术展示区、土布艺术体验区等学习场所，完成开展项目化学习的条件，为人们参与系列土布体验活动搭建了平台。

图4　集中展览区　　　　　图5　劳动体验区　　　　　图6　土布艺术展示区

图7　土布织造工具展示体验区

（三）注重课程资源整合

注重资源整合。加强与校务委员会成员单位、社会力量的联系与合作。联合镇团委，将"棉花的一生"特色课程配送到中小学校园里，丰富学生的课余生活；联合镇党群服务中心，开展"传承非遗 织梦未来"主题暑期亲子活动，参观、体验"棉花的一生"特色课程群。

图8　送课进校

图9　"传承非遗 织梦未来"主题暑期亲子活动

注重借力发展。依托高校资源，指导项目研究，提升课程研发力。联合华东师范大学自然教育团队在友好七彩学堂开展"爱上海，爱新农村：'棉花的一生'快乐体验"主题亲子项目化活动，将农业研学教育与土布文化相结合，对棉花做到"知来处，明去处"。邀请东华大学服装·艺术设计学院、上海杉达学院时尚学院协助组建廊下土布设计工作室，创意设计土布工艺品和土布服饰，形成文创类课程，开拓时尚领域和廊下土布文化传承的新思路。

图10　亲子项目化活动　　　　图11　邀请大学生形成文创类课程

三、项目成效

（一）探索节气文化与本土棉花优势产业的有机结合

2006年，二十四节气入选第一批国家级非物质文化遗产代表性项目名录；2016年，二十四节气被列入联合国教科文组织人类非物质文化遗产代表作名录；2022年，在北京冬奥会开幕式上，二十四节气倒计时宣传片的中式美学惊艳了世界，尽显中国文化的独特魅力。

二十四节气与土布文化是廊下镇社区学校的两大品牌项目，棉花的生长需要历经十六个节气，从棉花到土布，与二十四节气有着紧密的联系。2022年3月起，学校利用"棉花的一生"土布学习坊种植棉花，与景红林民俗文化体验基地建立工作微信群加强联系，志愿者们通过拍摄方式记录棉籽—棉花—土布—艺术品的生成过程，形成具有地方特色的课程资源，制作"'金山话'话棉花"系列微课视频，每逢节气推送由"节气@谚语""节气@农事""节气@棉花"等内容组成的"节气农事说"系列微信公众平台内容，形成具有廊下地方特色的课程资源。

图12　微课视频

学校在研发"棉花的一生"课程群的过程中，融合节气文化、农耕文化、土布文化、纺织文化和劳动教育，挖掘生活化的创意表达，培养一批批爱学习、爱劳动、爱生活的德智体美劳全面发展的学生；通过亲子共学、老少互学，提升老年人成就感和幸福感；推动廊下纺织文化与传统非遗文化融合，赋能廊下纺织创新升级。

（二）促进劳动实践方式、终身学习内容与本土终身学习文化紧密联系

学校创新性地挖掘劳动教育资源，丰富劳动教育内容，多学科、多角度研发"棉花的一生"课程大纲，让劳动教育观念融入其他课程，形成六大类课程群，具有本土特色的课程资源进校园、进村居、进企事业单位，营造"人人皆学、处处能学、时时可学"的学习氛围。

1. "棉花的一生"课程群进校园

社区学校与廊下中学组建了社区快乐中队，由社区学校老师担任辅导员。2022年12月10日，辅导员带领快乐中队来到土布学习坊，开展了"棉花的一生"PBL项目化学习少先队微活动课。通过"在希望的田野上""在辛勤的劳动中""在美好的生活里"三个篇章，体验从棉籽到棉花、从棉花到土布、从土布到土布艺术的棉花的一生，引导队员树立劳动最光荣、劳动最崇高、劳动最伟大、劳动最美丽的观念，引发队员思考棉花的一生与人的一生的关系，初步建立生涯发展意识。

图13　中学生参加"棉花的一生"活动

2023年3月起，社区学校组织廊下中小幼学校、村居学堂、景红林负责人开展了"棉花的一生"联合实践活动课程研讨会，成立了微信工作群，确定课程推进计划，开展棉花种植和"棉花的一生"联合实践活动课，以点带面，走进校园里、深入村居中。

图14　廊下中学学生养护棉花

图15　廊下小学学生观察棉花

图16　廊下幼儿园学生采摘棉花

图17　友好七彩学堂建立亲子棉花垛

2. "棉花的一生"课程群进村居

2023年暑假期间，学校组织学习坊志愿者队伍将课程送到村居学堂，带领亲子家庭从"导入与发现——初识棉花的一生""学习与探索——探析新疆棉业""劳动与思考——体验工坊劳作""分享与交流——共享劳动"四个环节，体验传统手工与创新实践的乐趣。

图18　亲子活动

2023年10月至11月，学校选拔出6位优秀团队带领人，成立宣讲团，分赴廊下镇各村居学堂、村居学习点讲授"节气里的棉花"课程，让更多的村居民了解棉花的一生。

图19　团队带领人到各学堂学习点讲授课程

　　2023年10月28日，学校组织亲子家庭在学习坊内开展亲子研学体验课程，让家长和孩子们一起探索棉花的成长之旅，沉浸式认识棉花的一生，增强劳动体验，在获得丰收喜悦的同时增进亲子关系。

图20　田园亲子研学活动

3. "棉花的一生"课程群进企事业单位

为进一步发扬廊下土布文化，挖掘土布文化价值，丰富土布产品类型，学校联合廊下镇社区事务服务中心工会开展"棉花的一生——职工午间课堂"土布手工制作培训，进一步丰富职工业余生活，弘扬"工匠精神"。培训分为四期，了解"棉花的一生"课程群，学习土布口金包、土布提手包、土布信封包等文创类课程。同时，会同区民政局等相关部门开展慈善义卖活动，将作品进行捐赠义卖，职工们在学习到技能的同时又能奉献爱心，让"棉花的一生"特色品牌被更多人知晓。

图21 企事业单位参加"棉花的一生"课程学习活动

（三）助推优秀本土文化的传承与创新，助力乡村振兴和乡风文明建设

学校以二十四节气为主线，着力打造实体学习应用场景，建设"棉花的一生"土布学习坊。2023年，学习坊成功创建为上海市民文化传承及科学创新社区学习坊，吸引镇域周边及跨地域的人员和团队前来观摩体验学习，为廊下农业旅游观光增添新的亮点，助力廊下建设"乡村形·都市芯"的上海乡村振兴示范镇。

项目注重课程建设，强化资源要素的支撑力。一是出版教材读本。经过3年的精心收集整理，以163种土布的织造方法为核心，将廊下土布发展、土布的织造工序和织造工具以及土布的应用等内容汇编成册。2022年3月，《廊下织梦——廊下土布织造技艺》社区教育读本由上海浦江教育出版社正式出版，作为"棉花的一生"课程的教材。二是开发数字微课。目前已有"棉花的一生之布艺手工"6节、"棉花的一生之创意绘画"4节、"棉花的一生之节气里的棉花"5节等系列数字微课。其中,"棉花的一生之布艺手工"和"棉花的一生之创意绘画"系列微课入选"学习强国"平台,"棉花种植""棉花插花""棉花创意画""土布手腕包"4节特色课程走进上海教育电视台,"棉花的一生"课程群项目案例在2023年11月1日的全球学习型城市网络十周年庆典活动上进行了推介。

图22 "棉花的一生"课程建设成果

近年来,学校结合镇农业旅游开发和郊野公园建设,以15分钟学习圈为活动平台,接近农民,走进农舍,挖掘廊下民间传统土布文化,组织村居民开展棉花的种植养护、土布手工纺织技艺、土布手工设计等学习活动,设计既有传统特色、历史文化底蕴,又有时代气息、融合生活的系列文创作品,结合五育融合理念,逐步形成了六大课程群,得到了众多参与者的青睐,为土布非遗文化的传承和发展注入了新的活力。

图23 土布贴画《土布织造技艺》

四、项目的创新性与可推广性

廊下镇社区学校依托地区历史文化、社区特色资源、学校特长教师，以土布的源头棉花为载体，进行跨学科社区学校校本课程"'棉花的一生'特色课程群"的研发，打造了社区学校一校一品特色课程，实现了正规教育与非正规教育、非正式教育的融通。

（一）探索多元主体协作的资源供给新机制

从校园到社会，终身教育是贯穿一生的教育与支持。在廊下镇党委政府的主导下，廊下镇社区学校成立了校务委员会，推进社区教育多元主体参与，整合资源，着力推进"棉花的一生"课程研究，以优质的课程建设服务好全民终身教育，形成社区居民广泛参与、多样选择、自主学习、持续发展的社区教育公共服务体系，提升村居民综合素养，推动项目的可持续发展。

（二）打造服务全民终身学习的育人新课堂

学校与社区融合育人，融合开放的协创课堂放大"共育"力量。廊下镇社区学校围绕一校一品项目，以"棉花的一生"土布学习坊为主阵地，加强课程师资培训、课程联合教研、课程专家指导，注重教学方法探讨和课程活动设计，提升教学质量，提高课程的参与度和课程的影响力，提供更好的全民终身教育服务，实现空间共建共治共享，助力村居民学会求知、学会做事、学会共处、学会做人，为高质量的社区教育发展注入新的活力。

（三）推动相互协作共同体价值认同新实践

学校从"构建多元学习点，深化15分钟学习圈"入手，不断探索创新学习阵地、学习内容、学习方式，打造一支由"项目指导员、专兼职教师、大雁行动领头雁"为主体的师资力量，建设"方式更加灵活、资源更加丰富、学习更加便捷"的终身教育体系。

从学习内容来看，本项目的独特性在于对本土农耕文化的重视和在教育内容方面的创新挖掘。廊下镇丰富的农耕文化资源为课程开发提供了有利的条件，为课程内容的形成提供了有力的支持。学校"开发一课一亮点、培育一村居一特色、打造一校一品牌"，形成"棉花的一生"五大模块的特色课程群，注重学习内容的综合性，将棉花种植、纺织、艺术等多个领域的知识融为一体，注重本土文化的传承与创新，通过跨学科的课程研发和特色课程群的建设，为村居民提供更加丰富、多元的学习体验，有助于培养他们的综合素质和乡土情怀。

从学习环境来看，本项目的独特性在于建设了行动导向的实践基地——"棉花的一生"土布学习坊。学习坊不仅是一个实践场所，更是一个种子基地，将"棉花种子"延伸到校园、村居、企事业单位等各个领域中，让村居民在生活中真切地观察、体验和实践"棉花的一生"。情景式的学习环境有助于培养学员的实际操作能力和创新思维，提高学员的文化素养。实践基地的建设有助于促进学校与社区、企事业单位之间的合作与交流，形成教育资源共享和优势互补的良好局面。通过这种合作，学校可以更好地发挥自身的教育特色和优势，为社区和企事业单位提供更好的教育服务，推动地区教育的可持续发展。

从教学方法来看，本项目通过以学习者为中心的行动导向学习方法，将理论知识讲解与实践体验相结合，让学习者能够亲身体验棉花的生长过程。针对不同年龄段的学习对象，本项目采用了相应的教学方法：对儿童和青少年，采用生动有趣的故事、游戏等形式激发其学习兴趣；对成年人，通过实地考察、动手实践等方式加深其对棉花生长过程的理解；采取"亲子共学""老少互学"等形式，让学习者在家庭、社区等不同场合中都能够获得学习机会。

从学习效果来看，本项目重视培育包括学员、教师等参与其中的每一个人，让他们意识到对本土农耕文化传承的责任与贡献。通过参与本项目，学员和教师能够深入了解本土农耕文化，培养对传统文化的热爱和尊重，提高自身的综合素质和能力，培养乡村居民的乡土情怀和归属感，增强乡村社区的凝聚力和向心力，助力学习型乡村建设，推进乡风文明和乡村文化的繁荣发展。通过深入了解本土农耕文化，学员和教师能够发掘传统农业的潜力和特色，提高乡村居民的技能水平和就业能力，增加经济收入和社会地位，推动乡村振兴和乡村产业的创新发展。

廊下镇社区学校以本土农作物棉花为载体，开展跨学科的校本课程"'棉花的一生'特色课程群"的研发，推进学习型组织建设，发挥教育的社会功能，将教育与乡村文化、经济紧密结合，使之更具针对性和实效性，有助于形成协作共生的共同体，促进了个体发展与社会进步，为终身教育的主旋律提供了生动丰富的实践案例，为可持续发展教育注入了新的动能和活力。

有关本项目的更多信息：

附件1："棉花的一生"研学手册

附件2："棉花的一生"土布学习坊点单课程表

附件1："棉花的一生"研学手册

一、简介

　　廊下镇自古乡风古朴，兴盛棉麻耕织，流传土布文化，具有浓郁的地域特色。廊下镇社区学校基于"土布的源头是棉花"，融合传统农耕文化、土布特色文化和劳动教育，以二十四节气为主线，寻找土布的前世今生，打造"棉花的一生"土布学习坊，创新学习方式，研发特色课程群，为各类人群提供丰富的学习资源，让孩子们拥有童趣，让年轻人怀揣梦想，让老年人乐享生命，助力廊下建设"乡村形·都市芯"的上海市乡村振兴示范镇。

　　本课程通过了解棉花在自然和生活中的作用，关注棉花在生长和使用中的环保应用，理解"劳动创造价值"。通过亲自体验制作非遗土布香囊，传承传统棉纺织技艺，感受精湛的传统工艺技术，体验劳动的艰辛和收获的快乐，形成传承并发扬传统工艺的意识，养成专心致志的劳动品质；感受"种植、加工、生活应用"中蕴含的人文价值和工匠精神，理解劳动创造美好生活的道理，感知工匠精神，增强职业生涯规划意识。

二、研学目标

1. 价值体认

　　了解棉花的种植、加工和生活中的应用，体会棉花与人类进步、社会发展的紧密联系，感受种植、加工、生活应用中蕴含的工匠精神和人文价值，增进文化认同，理解劳动创造美好生活的道理，培养精益求精、追求品质的劳动精神，形成对工匠的认知，增强职业生涯规划意识。

2. 责任担当

　　在劳动实践中，按要求规范操作，同伴间协同互助，形成不畏艰辛、精益求精的劳动品质，培养敬业、精益、专注、创新的工匠精神。

3. 问题解决

　　在辅导员的引导下，能正确使用工具材料，开展棉花制作工艺和土布的生活应用实践，提升动手能力；能将已有学科知识与劳作应用相联系，形成追求创新的劳动精神。

4. 创意物化

　　全面认识棉花的一生，能对劳动过程与劳动成果进行总结和反思，认识劳动能够创造美好生活，把学到的知识技能与生活应用相联系，进一步提升劳动能力和社会责任感。

三、研学内容

1.参观"棉花的一生"土布学习坊，知晓棉花的生长过程，深入了解棉花制品及其与人们生活的关系。

2.参观制作工坊并动手体验土布织造机，了解棉花纺线、成布的过程，了解人类服装发展史、土布纺织技艺非遗文化。

3.小组分工合作，自主制作非遗土布香囊，将所学知识技能运用于实践，将工匠精神融入学习中；在活动中互帮互助，进一步提升解决问题的动手能力和思维能力。

四、注意事项

1.学习坊内草坪、道路高低不平，须注意脚下，勿随意奔跑。

2.在整个研学体验过程中，遵守纪律。

3.园内果树、花草勿随意攀折。

五、研学任务单

（一）棉花知多少

1.选择以下正确的选项完成填空。（C）

棉籽种植后经历 ＿＿＿、＿＿＿、＿＿＿＿、＿＿＿ 和 ＿＿＿＿ 五个阶段，呈现出棉花状态。（①苗期 ②花蕾期 ③吐絮期 ④出苗期 ⑤结果期）

A.③①②④⑤ B.③②①④⑤ C.④①②③⑤ D.④①②⑤③

2.通常棉花种子大约需要 ＿＿＿ 星期的时间就能出苗。（B）

A.1 B.1到2 C.2到3 D.3

3.＿＿＿ 是决定棉花产量的关键时期，也是田间管理的关键时期。（C）

A.苗期 B.花蕾期 C.花铃期 D.吐絮期

4.棉花的棉籽是指 ＿＿＿。（D）

A.棉花种子 B.棉籽 C.去除棉籽的纤维 D.棉铃吐絮后收获的棉籽与纤维混合物

5.新疆棉花与其他产棉区相比质量更优，主要原因是 ＿＿＿。（B）

A.地势平坦，土地肥沃　　　　B.晴天多，光照充足

C.夏季高温多雨　　　　　　　D.劳动力充足

（二）探析棉花

1. 世界上最早种植棉花的国家是 ＿＿＿＿。（C）

A. 中国　B. 美国　C. 印度　D. 埃及

2. 我国棉纺织工业基地的分布主要靠近 ＿＿＿＿。（A）

A. 原料产地　B. 消费市场　C. 土地廉价地区　D. 劳动力廉价地区

3. 廊下土布很好地传承了 ＿＿＿＿＿ 纺织工艺。（C）

A. 嫘祖　B. 嫫母　C. 黄道婆　D. 丁佩

4. 以下土布织造工具，哪一个是纺车？（B）

A.

B.

C.

D.

（三）制作非遗土布香囊

1. （多选题）制作香囊需要哪些工具？（ABCDE）

A. 针线　B. 土布　C. 棉花　D. 香料　E. 穗子

2. 请用 A、B、C、D、E 为制作香囊的步骤排序。

（E）修饰，将缝合好的香包进行镶边、上穗子等修饰工作。

（B）选取布料、香料等。

（D）填充与缝合，放入填充物并将填充好的香包用线进行缝合。

（C）裁剪与定型，把材料上的图案进行裁剪，再将裁剪好的材料进行定型加工。

（A）把棉花里面的杂质和棉籽剔除。

3. 谈一谈制作香囊过程中遇到的困难和收获。（学生自由作答）

六、思考与拓展

活动主题	一朵"花"的神奇之旅
活动时间	
活动成果的整理及对整个课程的感受	

1. 结合棉花的发展历史和种植环境，说说棉花在生长和使用中起到的环保作用。
2. 你的土布香囊能自主完成制作吗？里面填充物除了放棉花还可以放哪些？
3. 拓展实践
（1）棉花在生活中的应用有很多，试着用棉花制作出一样工艺品。
（2）随着科技的发展，手工棉逐渐被机械纺织品取代，大家回去跟家长一起了解即将失传的手工老棉被是怎么制作的

整体评价表

评价项目	评价指标	自我评价	组内互评	教师评价
组织策划能力	根据要求有序开展劳动实践			
	按要求规划种植点位，完成学习和劳作实践			
自主学习能力	了解土布纺织技艺的非遗文化			
	知道棉花在自然和生活中的应用，理解"劳动创造价值"			
劳动实践能力	认识并能正确使用工具制作出简单的传统工艺作品			
	能将学科知识运用到劳动实践，提高劳动效率			

续表

评价项目	评价指标	自我评价	组内互评	教师评价
团队合作能力	同伴间能合作互助提高劳动效率，完成任务			
	能在团队中建言献策，帮助他人，提高团队劳动效率和质量			

备注：评价填写分 A、B、C、D；"A"代表优秀，"B"代表良好，"C"代表一般，"D"代表需努力。

附件 2："棉花的一生"土布学习坊点单课程表

课时	课题名称	教学内容	教学时长
1	节气里的棉花	（1）棉花的科普知识 （2）棉花的生长过程 （3）棉花的应用	90分钟
2	农艺棉田	（1）认识相关农事工具 （2）种植棉花 （3）养护棉花 （4）采摘棉花	90分钟
3	棉花创意画	（1）棉花创意画使用美术工具介绍 （2）棉花创意画创作要点讲解 （3）创意画现场演示教学和实践操作	90分钟
4	棉花插花	（1）认识插花物料工具 （2）学习插花的基础方法 （3）实践操作	90分钟
5	廊下织梦——廊下土布织造技艺	（1）认识廊下土布织造的主要工具 （2）认识廊下土布织造的主要工序 （3）体验廊下土布织造技艺	90分钟
6	让土布活色生香	（1）介绍廊下土布发展历史 （2）参观土布文创展品 （3）学习土布工艺品制作方法 （4）动手制作土布工艺品	90分钟

主要参考文献

［1］熊建辉，臧日霞，杜晓敏.迈向全纳、公平、有质量的教育和全民终身学习:《教育2030行动框架》之实施方式［J］.世界教育信息，2016，29（4）.

［2］温泉，陶钧.社区教育与学校教育的融合发展途径研究［J］.中国成人教育，2018（15）.

［3］黄秋生，杨广晖.论学校教育与社区教育的融合发展［J］.南昌大学学报（人文社会科学版），2008（2）.

［4］UNESCO. Education for Sustainable Development：A Roadmap［R］.Paris：UNESCO，2020.

14 以"生态文化学堂"推动泖港美丽乡村建设

翟理想　郑丽红　徐侃杰

（松江区泖港成人中等文化技术学校）

案例概况

项目名称	以"生态文化学堂"推动泖港美丽乡村建设		
项目实施机构	上海市松江区泖港成人中等文化技术学校		
所属行政区	松江区		
核心合作 / 支持单位	上海市松江区教育局、上海市松江区泖港镇人民政府		
项目运作时间	2018年1月	项目结束时间	2022年12月
项目拟解决的关键问题	通过发展乡村社区教育的方式建设学习型乡村，培养村民的生态文化意识与素质能力，激发乡村发展的内生动力与创造活力，从而助推乡村振兴战略的实施		
对应的可持续发展目标 / 领域（勾选）	☐ 社区健康教育　　　☐ 社区和谐发展 ☑ 社区环境教育　　　☐ 社区职业能力		
主要服务对象群体（勾选）	☐ 老年人　　　　　　　☐ 儿童与青少年 ☐ 在岗职工　　　　　　☐ 外地来沪从业者 ☐ 残障人员　　　　　　☐ 女性群体 ☑ 全体居民（无特定指向）☐ 创业群体 ☐ 其他（请详细注明）		
主要经费来源（勾选）	☐ 市级财政教育预算　　☑ 区级财政教育预算 ☐ 本单位自筹　　　　　☐ 社会资助 ☐ 其他渠道（请详细注明）		
项目联系人	翟理想		

一、项目背景

"生态文化学堂"是泖港社区学校围绕"生态、美丽、宜居"小镇的建设目标，依据泖港镇的生态环境和农业经济发展模式，整合学校现有课程，融入区域生态民俗文化而着力打造的社区教育品牌项目，从而提高社区居民的生态环保意识，挖掘泖港镇的生态民俗文化。

（一）国家和地方的政策为打造"生态文化学堂"提供了指导

《中华人民共和国国民经济和社会发展第十三个五年规划纲要》明确将"生态文明建设"纳入了国家发展的战略方针。《中华人民共和国国民经济和社会发展第十四个五年规划和2035年远景目标纲要》提出，要"推动绿色发展，促进人与自然和谐共生。到2025年，生态文明建设实现新进步，生态环境持续改善"。中共中央、国务院印发的《乡村振兴战略规划（2018—2022年）》，明确提出必须"坚持人与自然和谐共生"，走乡村绿色发展之路，为乡村的进一步发展和振兴指明了方向。松江区的"十三五""十四五"目标明确提出，泖港镇"作为松江的生态保护区和上海市黄浦江上游水资源保护区，要进一步完善生态保护机制，发展现代农业，改善农村风貌"。因此，保护好泖港镇的生态环境，提高泖港镇社区居民的生态环保意识，不仅是社会发展的必然要求，也是全体泖港人义不容辞的使命。

（二）泖港镇的发展方略催生了"生态文化学堂"的需求

当前，泖港乡村发展面临着人口老龄化、村庄空心化、优质教育资源不均衡、文化基础设施落后、乡村治理能力薄弱等突出问题，是建设"科创、人文、生态"的现代化新松江、实现泖港镇乡村振兴过程中面临的重大挑战。

乡村兴则国家兴，乡村衰则国家衰。乡村振兴的关键在于人才振兴，而人才培养则依赖于完备的教育。社区教育具有公益、开放、全纳、普惠的基本属性，致力于人的全面发展和社区的可持续发展，与乡村建设有深刻的关联。因此，可以通过发展乡村社区教育的方式建设学习型乡村，培养村民的生态文化意识与素质能力，激发乡村发展的内生动力与创造活力，从而助推乡村振兴战略的实施。

泖港镇的十多个村居里有着大量的生态民俗文化等待挖掘。这些民俗文化由泖港地区的百姓们世世代代传承下来。例如，印染、竹编等传统技巧极具实用价值，且绿色环保，非常有必要进行充分挖掘，以"生态文化学堂"为品牌引领，传承民俗文化，走好乡村民俗文化的兴盛之路，助力泖港镇乡村振兴。

（三）生态文化的内涵与特征

1. 生态文化的内涵

生态文化是指以崇尚自然、保护环境、促进资源永续利用为基本特征，能使人与自然协调发展、和谐共进，促进实现可持续发展的文化。生态文化的形成，意味着人类统治自然的价值观念的根本转变，这种转变标志着从人类中心主义价值取向到人与自然和谐发展价值取向的过渡。

生态文化是一种价值观。工业革命以来，伴随社会进步而来的是生态环境持续恶化、自然资源枯竭、生态灾难频繁，严重阻碍人类社会的可持续发展。人类开始重新审视人与自然的关系，把人类自身价值和自然本体价值有机融合，和谐发展，形成生态文化的基本价值观。例如，对城市绿化追求"新、奇、特"的反思，城市绿化不仅仅是一场都市化妆运动，洁化与美化并不等同于生态化。遵循生态发展观，重视与自然的拟合度，建设自然化、区域化、人性化的城市绿地，需要彰显本土文化自信，而非一味"移花接木"。

生态文化是一种人文文化。生态文化强调和谐、协调、秩序、稳定、多样性以及适应，着眼于可持续发展，既关心人的精神和价值，也关心人类的可持续生存和自然资源的增值，体现了对人与自然关系的深度认知。

生态文化是一种先进文化。实现可持续发展，需要人与自然和谐相处。生态化是人类可持续生存与发展必须采取的手段，需要有保证这些手段顺利实施的战略、策略和制度。可以说，生态文化集成了人类文明发展成果，是先进文化的重要组成部分。

2. 生态文化的特征

生态文化不仅涉及物质层面，也涉及体制层面和精神层面。生态文化的物质层面，是指承载着生态文化内涵的物质实体。绿色食品、绿色建材、生态环境等物质实体，在生产、分配、交换、消费等环节或领域，传播所承载的生态文化内涵。当前，城市河流水渠化、人工水体景观化，难以实现自循环、自维持，在城市建设中较为普遍，城市再自然化建设缺乏生态意识或未能演绎出真生态。这种城市建设方式必须转变，以修复城市生态系统受损结构、恢复退化功能为目标，遵循生态学原理，应用接近自然、模拟自然的方法和技术，构建可以自循环、具有自净力、富有生命力的健康生态系统。

生态文化的体制层面，是指国家、地区、部门或经济实体，为了弘扬生态文化、保护生态环境而制定的承载生态文化内涵的各级各类法律、法规、政策、制度、规定、纪律等以及与之相应的管理机构和管理体制，以规范人的行为、践行生态理念。

生态文化的精神层面，是指传统农耕文化和现代生态文化的交融，唤醒生态意识，增进对自然的亲切感和依赖感，构筑人与自然和谐发展的总体氛围，体现生态理念、价值观、心理状态、行为方式。

二、具体做法

（一）成立项目领导小组

"生态文化学堂"项目离不开镇党委、政府的领导、协调和相关职能部门的密切配合。建设"生态、美丽、宜居"小镇是泖港镇的持久目标，打造"生态文化学堂"得到了镇党委、政府的重点关注。泖港镇由镇党委副书记挂帅，成立了由社区学校、社区服务中心、妇联和团委等部门密切沟通协调的项目领导小组，各部门积极配合，及时沟通，确保项目有序开展。

（二）打造专业师资队伍

其一，学校与社区服务中心紧密合作，从泖港镇80多位网格长中挑选了8名文化水平较高、才思敏捷、能言善辩且热心公益事业的年轻成员，成立"生态文化宣讲团"，在社区学校和社区服务中心进行师资培训，经考核合格后聘用上岗。宣讲团在全镇19个村居和各企事业单位轮流开展"泖田生态大讲堂"讲座，结合泖港镇的地理环境，针对镇内丰富的水资源和茂密的黄浦江沿岸涵养林，教授社区居民如何保护好泖田这片沃土；向社区居民讲授"垃圾分类"有关知识，并在宣讲团的核心阵地"泖田绿色小屋"内开展与垃圾分类和废物循环利用有关的体验活动，受到社区居民的一致好评。

图1　2018年6月，生态文化宣讲团成立

其二，学校联合妇联、团委等群众组织，与镇各部门密切配合，深入走访19个村居，寻访村里的长者，查阅村里的史料，在新建村、泖港村、黄桥村、腰泾村等村委的密切配合下，挖掘出一批掌握竹编、植物印染等生态民俗技艺的手艺人，邀请他们开设课程，传承非遗文化。

（三）开发"生态文化学堂"普及性课程

"生态文化学堂"以生态文化相关课程为主展开教学。为了充分了解社区居民在生态文化方面的学习需求，开发一门适用于泖港镇各年龄段、各职业、各文化层次的通俗性、普及性课程，吸引更多的社区居民参与到课程的学习中去，提高课程的应用价值，学校设计了《"生态文化学堂"课程学习需求调查问卷》，在300名社区居民中进行了调查。

基于调查结果，学校组织师资力量，聘请了区环境检测局、环保办、农委等部门的专家，与本校教师一起组成编委会，编写《泖港镇居民生态文化读本》作为普及性读本。读本共有三个单元：从泖港镇的地缘环境讲起，介绍镇内生态环境；以通俗易懂的语言讲解生态文化的理论知识；传授生态环保小贴士，具体生动地阐述生态文化的深刻内涵，提醒社区居民在日常生活和农业生产中的注意事项，为社区居民养成良好的生活习惯、保护好身边的生态环境提供参考依据。

读本编写完毕后，依托"泖田生态大讲堂"，"生态文化宣讲团"在镇内进行巡讲，5年多来开展了近300场次，极大地提高了社区居民的生态环保意识和生态文化素养。从课程反馈结果来看，参与课程学习的社区居民对"生态环保小贴士"的内容偏爱有加，纷纷表示学以致用才是将"生态文化"融入生活的有效方式。

图2 "泖田生态大讲堂"巡讲活动

（四）依托学习项目打造学习阵地

"生态文化学堂"的打造不仅需要普及性的课程，还要针对不同人群开发不同的学习项目，以体验式的形式打造学习阵地，丰富内涵。

1. 生态家庭建设："泖田绿色小屋"展现生态之家理念

"生态文化学堂"下沉到村居需要契合和融入社区居民的日常生活。如果能将"生态"二字融入生活，让自己的家成为"生态之家"，那么就真正帮助社区居民提高了生态环保理念。为此，学校以焦家村学习点为试点单位，将"泖田绿色小屋"树立为"生态之家"模范典型，集中宣传生态文化知识和绿色生活理念。"生态之家"内不仅有垃圾分类、环保酵素制作等实践体验类活动和课程，更展示了各种实物，直观揭示了一户家庭要成为"生态之家"需要具备哪些条件。"泖田绿色小屋"设立以来，往来的社区居民络绎不绝，每天都有人前来观看和体验各类废物回收利用制成的小摆饰、小家具，在小屋院内感受各种绿色植物给环境带来巨大改变。学校通过"泖田绿色小屋"以点带面，全面推进"生态文化学堂"建设，提高社区居民环保意识，培养生态居民。

图3　在绿色小屋内举办"亲子生态绘本诵读"活动

2. 生态技艺传承："生态文化客厅"丰富生态文化内涵

风光旖旎的绿色泖港不仅需要生态环境的保护，更需要结合当地的乡村特色，以传统文化的传承来深化"生态文化学堂"的内涵。前期课程需求调研显示，超过60%的受访者希望能有更多实践性的课程，超过30%的受访者希望能让"生态文化学堂"更具艺术气息。基于此，学校深入村居学习点，结合各村特色，在泖港村和新建村分别设立了"生态文化客厅"体验点，将优质的生态文化学习资源送到居民的客厅里，丰富"生态文化学堂"内涵。

泖港村的"生态文化客厅"体验蓝印花布制作，由上海视觉艺术学院周洁尘老师负责指导。蓝印花布是我国的非物质文化遗产，是一种基于天然植物染色的古老民间技术，具有绿色环保、简单易学、实用价值高的特点。学员可以学习如何用身边的植物染布匹，在原生态的染色技法中融入现代的时尚元素，制作成抱枕、床单等物品，深刻体会生态文化的实用价值。

图4　学员正在进行蓝印花布体验

新建村的"生态文化客厅"体验竹编制作，由新建村的老匠人张金弟负责传授。在竹编课程体验点内，学员们跟着师傅将竹条编织成极具实用价值的竹篮、竹筐等日用品，代替日常生活中越来越多且难以降解的塑料制品，在动手的过程中体会精益求精的工匠精神，以自己的亲身实践深刻感悟生态文化的内涵。

图5　学员正在进行竹编体验

3. 生态审美文化："田园艺术教育"人文行走增添生态文化趣味

前期课程需求调研显示，大多数社区居民希望能开设更具乡土特色的学习项目。为进一步吸引社区居民走进"生态文化学堂"，了解生态文化的内涵，学校经过长期的考察，设计了一条"田园艺术教育"人文行走路线，通过人文行走的方式感悟生态文化。

图6　2021年4月，学校为"田园艺术教育"人文行走主题学习点授牌

学校确定了福财微景园（生态盆景）、隐乐泥舍（生态陶艺）、一民艺术园（乡村风景画）、农耕文化园（生态农耕历史）四位一体的行走路线，社区居民通过专业教师的引导，结合相应的历史、人文等知识，学会如何在尊重历史和生命的基础上更细微地观察眼前这个世界，发现美、表达美、传递美，进一步感悟生态文化的内涵。

4. 生态农业科普："农业科普馆"普及生态农耕常识

生态农业不仅仅受到职业农民关注，更应该成为全体社区居民关心和了解的议题。只有全体社区居民共同珍爱生态环境、共同守护生态土壤，生态农业才能实现可持续发展。

图7　学员在农业科普馆内参观学习

为了进一步向社区居民普及生态农业常识和现代农业知识，学校发挥地缘优势，与上海农业科普馆松江馆联合办学，挂牌成立"农业科普学习点"，着力推广"有机农场"和"生态农庄"两门体验式课程，丰富"生态文化学堂"课程内容。社区居民可以在农业科普学习点内2500多平方米的展厅中参观、互动，了解生动形象的生态农业的发展历史；可以在附近的农田里观赏、采摘，深刻体会良好生态环境对农业发展的重要性。几年来，学习点接待社区居民超过1万人次，为普及生态农业常识、促进生态文化发展做出贡献。

三、项目成效

（一）培养了一批具有"生态环保意识"的社区居民

在5年多的实践中，累计有2万多人次参加了"泖田生态大讲堂"巡讲活动，有1万多人次参加了农业科普馆和"田园艺术教育"人文行走生态文化体验活动，均占泖港镇常住人口的1/4以上；各村居的"生态文化客厅"累计开展生态民俗文化学习活动近200场次，充分传播了优秀的生态民俗文化。

（二）挖掘了大量极具地方特色的"生态民俗文化"

在项目开展过程中，项目组在各村居的帮助下，挖掘出了一批具有地方特色的生态民俗文化，将其中的蓝印花布、竹编等开发为特色课程，部分内容获得了国家级、市级奖项，推送到学习强国平台，丰富了"生态文化学堂"的学习内容，起到了保护和传承民间技艺的重要作用。

（三）充实和完善了"生态文化学堂"课程体系

学校通过不断地挖掘、充实和完善，最终形成了"生态文化学堂"课程体系，为"生态文化"在泖港的进一步传播奠定了基础。

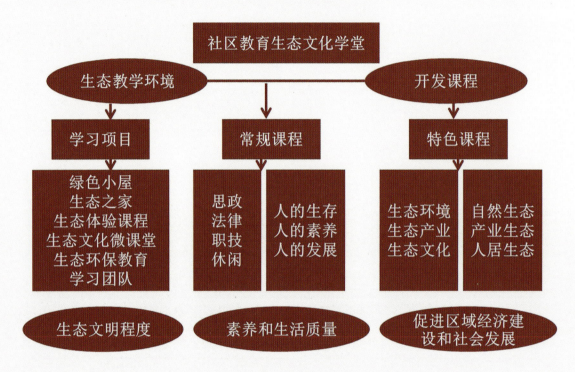

图8 "生态文化学堂"课程体系图

四、项目的创新性与可推广性

（一）创新性

1. 坚持满足需求与引导需求的统一

针对社区居民多样化的学习需求，学校想方设法、深入走访，挖掘出竹编、蓝印花布等深受欢迎的生态手工类课程，并尽可能近地安排在社区居民的家门口，成为"生态文化客厅"的重要阵地，最大程度满足居民的学习需求；邀请相关专家，联合多个职能部门，在全市首创编写了适合农村地区展开宣传、具有鲜明本土特色的生态文化读本，以社区居民的日常生活、环境保护、垃圾分类等为切入点，通过巡讲、志愿服务等方式，引导社区居民的学习需求，更好地适应美丽乡村建设工作的客观需要。

2. 坚持个体发展与区域发展的统一

教育的根本是培养人。"生态文化学堂"的目标在于培养"生态人",打造"生态镇"。作为农业大镇，生态是泖港的经济命脉，保护好泖港的生态环境，就是在保障泖港经济可持续发展的动力，就是在实现泖港"生态、美丽、宜居"小镇的建设目标，就是在助力泖港的乡村振兴。因此，学校坚持个体发展与区域发展的统一，在"生态文化学堂"开展过程中，始终紧紧围绕"生态人"和"生态镇"两个核心，确保了项目的有效开展，推动了泖港美丽乡村建设。

3. 坚持量力而行与适当超前的统一

泖港地区人口多、学习需求大，社区学校任务艰巨。在项目推进过程中，学校始终坚持量力而行与适当超前相统一，在部分课程中采用了微课建设、云课建设等手段，提高教学效率，有效契合本地区的终身教育发展形势。例如，在蓝印花布课程中，学校采用了边上课、边体验、边拍摄制作视频课程的方式，既满足了当前的学习进度需求，又能为下一批学员的学习做好铺垫，以较少的人力物力满足较大的学习需求。

（二）可推广性

1. 以建设美丽乡村为目标，提升学习环境

美丽乡村不仅仅是自然环境和生活环境的美丽，就社区学校而言，还意味着学习环境的美丽。学校重点围绕19个村居学习点和上述的社会学习点等场所，安排专项资金，改造设施设备，提升教学环境，营造浓郁的学习氛围，更好地服务泖港镇的美丽乡村建设。

2. 以打造特色项目为抓手，探索联动机制

"生态文化学堂"不能停留在课堂中、教室里，而应走进千家万户、走进生态泖港。学校以特色项目为抓手，联合各职能部门和村居学习点，通过"泖田生态大讲堂"实现"生态文化学堂"的课程推广；通过"生态文化客厅"将生态文化的体验式学习项目和课程送到居民家门口；联合社会力量，以"人文行走"的方式推出体验式学习项目，利用农耕时节组织社区居民与生态泖港进行零距离接触，感受大自然的气息，领略收获的芬芳，亲身体验泖港美丽的生态环境，提高社区居民的生态环保意识。

3. 以政府主要工作为推动，加强组织保障

打造"生态、美丽、宜居"小镇是泖港的长期目标，"生态文化学堂"的打造较好地契合了镇党委、政府的主要工作。在学校的倡议下，成立了由镇党委、政

府牵头，多部门参与的"生态文化学堂"工作小组，定期召开工作推进会，协调多方力量，确保项目的正常推进。学校还积极向社会借力，整合社会资源，提供相关经费，确保项目的有效开展，将"生态文化学堂"推广开来。

生态文化培育并非一日之功。在接下来的工作中，学校将继续坚持"生态文化学堂"的品牌打造，为泖港镇的美丽乡村建设持续注入活力。

15 打造潘石村劳动书院，提升青少年生态素养

董娟　唐亦挺　陆文甫
（崇明区庙镇成人中等文化技术学校、
崇明区社区学院）

案例概况

项目名称	打造潘石村劳动书院，提升青少年生态素养		
项目实施机构	上海市崇明区社区学院 上海市崇明区新河镇成人中等文化技术学校 上海市崇明区庙镇成人中等文化技术学校		
所属行政区	崇明区		
核心合作 / 支持单位	崇明区教育局、长兴镇人民政府、潘石村居民委员会		
项目运作时间	2022 年 8 月	项目结束时间	2024 年 8 月
项目拟解决的关键问题	通过现有崇明生态教育品牌成果的延展和创新，进一步提升青少年生态素养；乡村振兴背景下社区教育协助乡村利用存量资源推动产业改造升级，推动乡村绿色产业发展；社区教育关注乡村留守老年农民再就业能力提升及职业技能培训		
对应的可持续发展 目标 / 领域（勾选）	☐ 社区健康教育　　　　　☐ 社区和谐发展 ☑ 社区环境教育　　　　　☐ 社区职业能力		
主要服务对象群体 （勾选）	☑ 老年人　　　　　　　　☑ 儿童与青少年 ☐ 在岗职工　　　　　　　☐ 外地来沪从业者 ☐ 残障人员　　　　　　　☐ 女性群体 ☐ 全体居民（无特定指向）☐ 创业群体 ☐ 其他（请详细注明）		
主要经费来源 （勾选）	☐ 市级财政教育预算　　　☐ 区级财政教育预算 ☑ 本单位自筹　　　　　　☐ 社会资助 ☑ 其他渠道（请详细注明）		
项目联系人	董娟		

一、项目背景

（一）社会背景

全球生态危机已成为21世纪人类面临的首要挑战之一。从全球气候变化到生物多样性丧失，从土地退化到水资源短缺，这些生态问题不仅威胁到人类的生存和发展，也对地球其他生物造成严重影响。根据联合国环境署的数据，全球约有20%的生态系统已经退化，30%的土地被人类活动改变，70%的淡水被污染。中国也在积极应对全球生态危机，生态文明建设已成为国家战略。党的二十大报告明确提出："大自然是人类赖以生存发展的基本条件。尊重自然、顺应自然、保护自然，是全面建设社会主义现代化国家的内在要求。必须牢固树立和践行绿水青山就是金山银山的理念，站在人与自然和谐共生的高度谋划发展。"崇明位于上海远郊，处于长江入海口。崇明岛是世界上最大的河口冲积岛和中国第三大岛。按照国家战略部署，崇明确立了"生态立岛"方向，探索"从农业文明到生态文明"的特色生态文明建设发展之路。

教育在生态文明建设中的作用至关重要。教育部发布了一系列文件和指导意见，强调学校应加强生态教育，提高青少年的生态素质。崇明生态教育主动承担历史责任，十余年来通过实施生态教育实践全力培养"生态人"，提升市民的生态意识，尤其注重市民与生态文明相符合的生活方式与行为习惯的养成。其中，青少年是崇明生态教育实践中的重要对象，培育他们的生态素养，不仅可以增强青少年的环保意识，提高他们的环境责任感，还可以帮助他们形成绿色生活方式，为个人的可持续发展打下坚实的基础。

（二）项目缘起

1. 教育层面

正式起步于2004年的生态教育从娃娃抓起，已经从学校教育延伸到家庭教育、社区教育，通过孩子带动全民关注生态，投入生态岛建设当中去。在世界级生态岛建设背景下，把崇明青少年培养成"小生态人"，构建上海乃至全国的生态教育实践高地，是崇明教育的重要使命。青少年不仅是生态文明建设的生力军，更是人类美丽家园的实践者、推动者、建设者。崇明教育一直关注这类特殊且重要的人群生态素养的培育，于2022年颁布《上海市崇明区教育综合改革示范项目实施方案（2022—2025年）》。方案中"基于生态教育的学生创新思维和综合能力培养项目"作为九个综合改革项目之一，明确提出"关注区域生态教育体验基地的运行，注重生态教学研究，深化课程实施路径，探索配套支持机制，健全生态教育体系"。鉴于过去面向青少年的生态教育在地方性课程建设、生态教育实践基地活动、"三园教学"实施、师资队伍建设等方面重校内、轻校外，重说教、轻实践，重认知、轻参与，该方案呼吁生态教育更多地跳出书本和课堂，走向校外，立足本地实际，因地制宜，充分挖掘具有乡村山清水秀、鸟语花香、生产生活、生态复杂等天然资源，扎根崇明生产、生活、生态实际，与乡土文化、乡土生活相融通，让青少年在自然和生活中进行鲜活的生态实践，提升生态素养。因此，整合多方资源，在守正现有崇明生态教育成果的基础上对相关问题进行缓解性、解决性创新就具有迫切与关键的现实意义。

2. 乡镇层面

习近平总书记在中央农村工作会议上强调"民族要复兴，乡村必振兴"。乡村振兴是国家战略，乡村振兴示范村建设成为规划引领、示范带动乡村振兴的助推器。为此，位于长兴镇的潘石村乡村振兴示范村建设从2020年开始启动，按照"产业兴旺、生态宜居、乡风文明、治理有效、生活富裕"的乡村振兴总要求，经历了三年的运维实践操作，从无到有、由有至优。遗憾的是，2022年潘石村在申报市级乡村振兴示范村时，由于"产业"发展未达到市级乡村振兴示范村的要求铩羽而归。

镇村两级政府痛定思痛，与教育部门进行对接后，双方从各自工作需求、服务对象需求等角度出发确定了共同的工作方向：以潘石村自然生态资源和农民生活场景为基础，通过青少年校外生态教育实践基地"劳动书院"的打造实施生态教育实践课程，探索潘石村绿色产业的发展道路，提升青少年生态素养。

（三）工作目标

通过现有崇明生态教育品牌成果的延展和创新，进一步提升青少年生态素养。在乡村振兴背景下，通过社区教育协助乡村利用存量乡村资源推动产业改造升级，推动乡村绿色产业发展。强化社区教育关注乡村留守老年农民再就业能力提升及职业技能培训。

（四）基本概念

1. 生态素养

生态素养是由生态意识、生态知识和生态技能三者共同构成的，是人与自然和谐相处的必备素质，也是人与人、人与社会、人与自然知情意结合，三者共生共情共荣的产物。它包括人们对生态问题的认知、关注和参与，对生态知识的掌握和运用，以及为解决生态问题所具备的技术技能。生态素养的培育需要家庭、学校、社会等多方面的共同努力，从儿童、青少年抓起，培养公民的生态意识，提高公民的生态素养，使人们能够认识并处理好人地关系，形成与自然和谐相处的绿色生活方式。

2. 潘石村劳动书院

潘石村劳动书院是以潘石村的风土人情、地域地貌、产业特色等为生态教育基础，以"立足本土资源，落实生态育人，助力乡村振兴"为主题，开展"沉浸式"的农村生态实践体验，实现育人效益与乡村振兴共赢目标的场所。

3. 生态教育专员

生态教育专员是由潘石村劳动书院聘请，由具有一定生态素养的乡贤、能工巧匠、技术人员、社区志愿者等人组成，面向青少年开展校外生态教育实践活动的人员。

二、具体做法

（一）顶层设计

1. 政策文件引导

长兴镇潘石村劳动书院是崇明区教育局与长兴镇人民政府于2022年签订了战略合作协议需要重点打造的项目。崇明区长兴镇人民政府把建设劳动书院作为实施乡村振兴的重要工作，写入了2022年政府工作报告。崇明区教育局把该项目列为2022学年和2023学年德育条线和终身教育条线的年度重点工作，要求相关部门、单位协同推进。

图1　崇明区教育局与长兴镇人民政府签订战略合作协议

2.制订工作方案

以崇明区教育局为主，联合长兴镇人民政府、潘石村，在华东师范大学教育学院、上海市青少年学生校外活动联席会议办公室（市校外联）等单位的智力指导下，依据教育局和潘石村战略合作协议的内容和《上海市崇明区教育综合改革示范项目实施方案（2022—2025年）》《中华人民共和国乡村振兴促进法》，协同设计具有前瞻性、科学性、操作性的顶层设计规划方案《崇明教育协同打造潘石村劳动书院工作方案》。

3.建立工作小组

由崇明区教育局、长兴镇政府牵头，联合了教育、乡镇、社会等多方力量，多方联动、多部门参与的潘石村劳动书院建设工作组。工作组分工明确，协同配合，落实、落细劳动书院创建工作。

（二）项目实施

1.了解与探索：梳理资源

整合部门资源。潘石村劳动书院建设工作组经过多次探讨，决定成立三个团队。一是教育团队。在德育科、成职科、中小教科的牵头下，教育内部横向联合区教育学院、社区学院等教育局直属单位，纵向联合新河镇成人学校、庙镇成人学校、上海市工程技术管理学校及长兴岛、横沙岛两个学区各中小学的师资力量、青少年资源。二是乡镇团队。在长兴镇人民政府的牵头下，联合潘石村村民委员会的力量。三是智囊团队。集结市区两级、相关部门单位及社会组织的负责人、专家。

表1　潘石村劳动书院建设工作组下属团队及相关信息一览表

团队名称	单位	负责人	组员	工作职责
教育团队	成职科：社区学院、庙镇成人学校、新河镇成人学校、上海市工程技术管理学校	张×	孙向东（院长）：黄春辉、施群安、董娟、唐亦挺、徐佰乐、岳琳鑫、王瑛、陆文甫、孟森、马娟、孙海平、孟森	1. 梳理潘石村生态资源；2. 创建潘石村生态教育实践课程体系；3. 参与编写潘石村生态体验活动指导手册；4. 生态教育专员课程开发、配套教学资源建设和培训；5. 教科研课题研究
	德育科：教育学院	李××	郭春飞（副院长）：龚莉、顾锡家、施慧	1. 指导生态教育实践课程设计、编写；2. 参与编写潘石村生态体验活动指导手册；3. 教科研课题研究
	中教科、小教科：长横学区各中小学	耿××	长横学区各中小学分管领导	检测生态教育实践课程实施效果
乡镇团队	长兴镇人民政府：潘石村村民委员会	蔡××	汤美忠（潘石村书记）：季红妹、沈佳君、汤思文、张瑜佳、潘石村部分村民	1. 梳理村里存量生态资源；2. 对接协调教育、镇政府、村民等各方；3. 劳动书院项目运营推广
智囊团队	华东师范大学	叶××	华师大教育学院研究生和本科生共30人	参与编写潘石村生态体验活动指导手册
		朱×	无	参与指导生态教育专员课程开发
	市学指办	彭××	王一凡	参与指导、编写生态教育专员课程
	市校外联	邹×	无	参与指导潘石村生态体验活动指导手册及青少年活动实施
	区成职教育学会	马××	俞志亮、宋建忠	参与指导潘石村生态体验活动指导手册、生态教育专员课程

　　整合生态资源。以社区教育人员为主的教育团队设计了《"做生活"生态教育实践课程农户庭院资源点要素汇总表》，先后4次走到潘石村乡间田头及农户家

中进行实地调研，和乡镇团队共同汇总仓库、河道、田园、农户庭院等生态资源，提出基于农户庭院、柑橘林、村集体公共场地等自然、生活、生产的生态场景打造农事劳作、农器制作、农俗协作和农村治理等四大主题生态教育实践项目，面向青少年构建能学、能做、能游的农村生态学习空间。

表2 "做生活"生态教育实践课程农户庭院资源点要素汇总表

生态要素	内容
拟定课程名称	
实施位置及场地	门牌号：　　　空间面积：　　　庭院： 室内面积：　　　合计面积：　　　环境状况：
课程认领负责人信息	姓名：　　性别：　　年龄：　　健康状况：　　组织关系： 口语表达能力：　　课程管理及实施能力：
活动准备	1.场地布局（如多媒体设备、座椅等）： 2.材料准备： （1）材料： （2）工具： （3）其他：
课程介绍	活动时间：　活动流程：　注意事项：　课程意义：　使用场景：
安全风险评估	材料：　　工具：　　环境：　　　流程：
距离	与中心点步行距离：　　　　与相邻点步行距离：
接待人数	庭院：　　　室内：　　　建议：
适合时段	
课程优势	内容：　　人员：　　场景：　　其他：
课程劣势	如道路、环境、人员等
配套设施设备	厕所坑位：　　是否可以男女分开：　　房面积： 桌椅配套数：　　其他：
基本费用	耗材费：　　人工费：　　　其他费用：
整体评价	安全性：　　操作性：　　人员匹配度：　　　结论：

2. 整合与编写：打造课程

创建课程体系。教育工作团队在充分调研的基础上梳理了《"做生活"生态教育实践课程资源点要素汇总表》。基于调研汇总结果，根据教育部发布的《中小学综合实践活动课程指导纲要》中明确的"考察探究、社会服务、设计制作、职业体验"四大任务要求，以激发青少年生态保护兴趣、培育正确生态行为、培养良好生态品质为目的，教育团队和乡镇团队共同创建出以"农事劳作、农器制作、农俗协作、农村治理"为主题的"3×4.12.N"做生活生态教育实践课程体系。该课程体系中，"3"指柑橘园、农户庭院、村集体公共场地3个生态场景资源；"4"指农事劳作、农器制作、农俗协作、农村治理4个生态教育实践课程主题；"12"指12个模块的课程；"N"指N个具体课程。

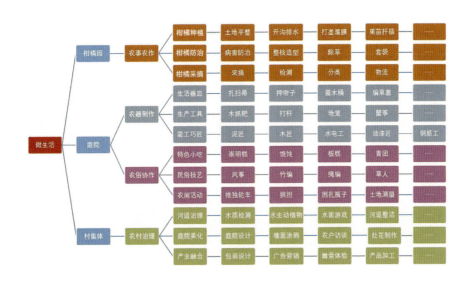

图2 潘石村"做生活"生态教育课程体系图

编写指导手册。围绕"3×4.12.N"做生活生态教育实践课程体系，以《中小学综合实践活动课程指导纲要》为活动内容设计的指导依据，遵循通俗易懂的原则，以社区教育人员为主的教育团队编写了面对青少年不同学段、构建"教、学、评一体化设计"、具有区域特色的《潘石村劳动书院生态教育实践活动指导手册》。该手册分为两大部分：导学部分和任务单。前者主要从活动目标、活动准备、活动建议等方面给予青少年指导；后者主要从生态体验活动计划、过程、成果与体会评价等方面给予指导，强化"理论—实践—理论"的学习实践过程。目前已开发设计了压帘子、扎风筝、编草绳、河道水质检测、喂鸭子等15个乡村生态教育实践活动。

3. 培训与教学：助推运营

编写培训手册。在建设劳动书院的过程中，除了内容打造，更需要一支有生态素养和教学素养的"双师型"校外生态教育教师队伍——教育专员，使之更好地承担落实辅导青少年生态教育的任务。教育工作小组编写了《教育专员培训手册》，该书以生态教育专员顺利完成任务所要掌握的知识、技能为核心，以活动前、活动中、活动后为顺序，分别阐述了活动前要做好"梳理信息—研读手册—联络落实"等准备活动，活动中要完成"致欢迎辞—课前准备—活动实施"等教学环节，活动后要做好"填写表格—处理问题—联络跟踪"等收尾工作。该书为潘石村乃至更多校外生态教育实践基地培养教育专员提供了可推广、可借鉴的培训范本。基于《教育专员培训手册》，崇明区社区学院、上海市工程技术管理学校、庙镇成人中等文化技术学校、长兴区域学校等8家教育单位近期联合参与了对该培训手册配套教学资源的设计、制作。

专员技能培训。为了帮助潘石村劳动书院尽快正常运营，提升生态教育专员实施生态教育实践活动的把控能力，依据《教育专员培训手册》12个不同的主题，社区学院联合相关成校、职校面向潘石村选出的第一批生态教育专员开展了岗前培训。

图3 社区教育教师进行潘石村生态教育专员技能培训

专员教学培训。为了提升生态教育专员的教学素养，助力他们成为"双师型"人才，社区教育部门联合中等职业学校设计了"压帘子""扎风筝"两个生态教育实践活动的教学方案，并和长横学区部分基地学校青少年一起面向教育专员开设示范课。一方面，教育团队根据活动实施整个过程调整生态教育实践课程设计、优化教育专员培训教材；另一方面，教育专员也在观摩示范课的过程中体悟教学的流程及相关要求。

图4　职业学校教师进行潘石村生态教育专员教学培训

三、项目成效

（一）促进了生态教育的创新发展

作为在生态教育延续和创新要求下产生的项目，青少年生态教育实践系列课程的高质量打造是核心及重点，生态教育专员队伍建设是亮点及特色。主要成效如下。

1. 系统性课程开发思维

按照系统化的开发思路，通过多方参与、纵横交错的方式开展生态教育实践课程的编制工作，确保了开发的科学性以及课程资源的丰富性。

2. 生态教育课程内涵拓展

该项目课程开发以课程体系为依托，创设生态生活情境，以任务或者问题引领制定科学的活动目标，合理设计活动内容、途径方法、评价等。课程合理利用潘石村自然生态、人居生态、生态产业、低碳生活等生态资源。活动设计中强调青少年亲身经历，在"动手做""实验""探究""设计""创作""反思"等过程中进行"体验"。同时课程体现各学段生态教育的本质，注重与其他学科课程的相互融通。学科课程的教学内容可以透过生态教育实践课程去转化和实践，形成各类课程与生态教育实践课程同向而行的协同效应，突出生态教育实践课程的立体化渗透。

3. 生态课程实施路径深化

"三园教学"是崇明20多年的实践经验，也是崇明生态课程实施的主要路径。在"劳动书院"项目中，打造了一支特殊的生态教育师资队伍——生态教育专员，在每一个生态教育实践活动实施过程中，学校教师和潘石村教育专员共同指导青少年基于指导手册自主建立项目小组、制订活动方案、开展活动、实施评价、完成作业等，同时不断深化推进传统"三园教学"中庭园、田园学习空间的内涵。活动注重引导青少年运用学科知识解决生态实际问题，关注了青少年生态素养形成与萌发，满足了青少年个性学习需要。

4. 青少年生态素养显著提升

根据不同学段青少年特点，积极探索了跨学科学习、项目化学习、研究性学习、场景学习等多样化学习方式，在活动实施全过程中通过实验、操作、调查、信息收集与处理、表达与交流等活动，引导青少年在积极的状态下对生态教育内容主动思考、积极提问、自主探究。青少年需要运用既有和活动关联的多学科知识与技能，收集和利用一切与项目相关的有用信息，建立分析与解决项目设置的生活情境的思路方法，与其他同学合作共处、团队工作，采取"做中学"的方式，最终解决相关问题、完成生态实践任务。通过劳动书院的形式，青少年参与生态保护实践，他们更加深入地理解生态危机，提高他们解决问题的能力。这种以实践为主的学习方式，更能加深青少年对生态文明的理解和认同，大幅度提升青少年的生态素养，以青少年来影响社会其他群体，从而助推整个社会生态素养的提升。

专栏 1："沤草肥"生态教育实践活动设计部分内容

【要解决的问题】李爷爷家有 15 棵橘树，橘树像撑开的大伞，树干粗壮而笔直，树叶浓密，葱郁茂盛，成片成林。它们在清风中轻轻地摆动着，好似站队欢迎大家的到来。可是李爷爷心里却万分焦急，因为青草长势非常旺盛，一方面担心这些青草影响橘树生长，另一方面橘树在结橘子前需要很多营养（肥料）。小伙伴们商议一下，能不能在 90 分钟内帮助李爷爷家里沤草肥呢？

【活动目标】1.能够熟练运用除草刀、切草机、推草车等劳动工具，通过小组合作体验除草、切草、挖槽、运草、沤草等过程，并在规定时间内完成沤草肥传统生态劳作任务。2.通过询问、观察，了解青草对橘树生长的影响和青草沤肥原理，树立生态循环农业生产意识。

【活动评价】

评价内容	自评	互评	师评
组内分工合理，任务创意完成	☆ ☆ ☆ ☆ ☆	☆ ☆ ☆ ☆ ☆	☆ ☆ ☆ ☆ ☆
学会了人工除草运草，切草合理，沤草肥符合要求	☆ ☆ ☆ ☆ ☆	☆ ☆ ☆ ☆ ☆	☆ ☆ ☆ ☆ ☆
能将成果创意展示，乐于推广生态农业	☆ ☆ ☆ ☆ ☆	☆ ☆ ☆ ☆ ☆	☆ ☆ ☆ ☆ ☆

（二）促进了乡村产业的绿色发展

长兴镇潘石村在教育的大力支持下，充分梳理村内存量生态资源，开发基于真实场景的生态教育实践课程，开启绿色产业新形态。根据《潘石村市级乡村振兴示范村创建方案汇报》中的数据，潘石村与长兴中学、横沙小学等岛内部分院校及复旦大学、上海交大、金陵中学等市内院校，开展生态教育实践课程合作，项目建成半年来已接待 32 批 8800 人次。同时根据村里的经济效益研判，经前期与各院校合作后，按照年接待人数 20 万人、年接待天数 200 天、每天人均 80 元来测算，除去耗材、餐饮、第三方人员管理等成本后，预计年收益达600多万元，在农业增效、农民增收、集体经济壮大等方面展现出可喜的发展潜力。

（三）促进了乡村农民的自我发展

潘石村乡村农民积极响应政府部门的号召，参与到项目的建设中。农民们愿意将自己的土地和资源用于劳动书院的建设，为生态教育实践项目实施提供了必要的土地和场所。同时他们也积极参与到为期12课时约700人次的教育专员培训、1700多课时近5万人次的教学过程中。除了首批农民教育专员，还将组织70多名农民志愿者参与辅助工作，确保项目能够符合当地实际情况和农民的利益，也能够更好地运行，服务更多的青少年。他们通过培训提升了教学素养，也通过教学及场地租赁给自身带来了一定的收入，打开了乡村振兴的新格局与新篇章。

四、项目的创新性与可推广性

（一）生态教育和绿色产业互助互融，促进彼此可持续发展

潘石村劳动书院的创新之处在于生态教育和绿色产业的相互促进、共同发展。这种创新模式实现了教育与社会的紧密结合，推动了青少年的全面发展，同时也促进了当地产业的绿色转型和可持续发展。通过生态教育的实施，潘石村劳动书院不仅注重青少年生态素养的培养，更将所学知识应用于实践中，组织各类农村生态实践活动。这些活动不仅提高了青少年的实践能力和环保意识，还推动了潘石村的绿色产业发展，增加了当地的经济收入。同时，社会各界也积极参与到教育过程中，提供人力、财力、物力支持，使得青少年们能够更好地了解和参与到生态教育实践中。这种生态教育和绿色产业互助互融的模式在实践中取得了显著成效，可以在其他地方加以推广，促进两者的良性循环，实现可持续发展。

（二）多部门联合联动，推进区域社会可持续发展的机制

在潘石村劳动书院项目中，各部门、单位建立了一致的工作方向、形成了紧密的合作关系，共同制订项目的实施计划、制定目标，协同推动项目的顺利进行，实现了资源的共享和优势互补：作为政府部门的长兴镇人民政府、区教育局，在明确项目方向、确保资源保障等方面发挥了重要作用；教育相关单位和学校在项目内容打造、活动实施、人员培训等方面给予了智力支撑。潘石村农民在活动教学、学习空间供给等方面做出了很大贡献。同时相关部门也通过该项目在各自领域获得一定的成果或影响力：由于在产业方面补齐了短板，潘石村已经于2023年成功

申报市级乡村振兴示范村，并获得2000万元的市级专项资金支持。教育部门通过该项目立项一个国家级一般课题，一个市级委托实验项目，一个市级重点课题。该项目目前在各级各类媒体宣传报道10次，同时被录入上海市教委办公室《每周教育信息》和崇明区政府办公室专报。通过合作共赢的机制，多方能够形成合力，共同推进区域社会的可持续发展。

潘石村劳动书院的项目以小见大，从一个生态教育实践基地的建立，促发生态教育和乡村绿色产业新的探索与创新，推动了潘石村的可持续发展。这些经验做法可以在其他生态乡村推广，促进教育与产业的良性循环，提高青少年的生态意识和环境素养，实现区域社会的可持续发展。

主要参考文献

［1］盛思媛.习近平关于生态文明法治建设重要论述的研究［D］.杭州：浙江财经大学，2023.

［2］张方.习近平绿色发展理念及其当代价值研究［D］.吉林：东北电力大学，2023.

［3］李月燕.聚焦"生态教育"，做高质量教育的领跑者［J］.河南教育（教师教育），2023（8）.

［4］王磊.生态文明视域下高校继续教育人文环境建设初探［J］.环境工程，2023，41（7）.

［5］纪鹏.培养环保意识，推进生态教育：青岛市城阳区流亭小学生态文明教育纪实［J］.环境教育，2023（4）.

［6］吴兴华.从生态知识的传授到生态思维的养成：论公民生态教育及其转向［J］.决策与信息，2023（4）.

［7］唐崇铭.生态教育导向下的城市湿地公园设计研究［D］.西安：西安建筑科技大学，2022.

［8］虞丹娜.长三角地区教育农园现状及景观优化策略——以海门谷语生态教育农园为例［D］.杭州：浙江农林大学，2022.

［9］陈芳.乡村振兴视域下农民的生态意识研究——以四川省简阳市共和村为例［D］.成都：电子科技大学，2021.

［10］王永胜.可持续发展教育理念下的学校课程发展研究——以W中学为个案［D］.长春：东北师范大学，2015.

［11］田道勇.可持续发展教育理论研究［D］.济南：山东师范大学，2009.

16 提升金融素养，促进金融健康

——投资者教育进社区

尤艳丽　鲍国政　毛云飞　荣彬　卞祥瑞
（静安区终身教育研究所投资者教育
基地）

案例概况

项目名称	提升金融素养，促进金融健康——投资者教育进社区		
项目实施机构	上海市静安区终身教育研究所投资者教育基地		
所属行政区	静安区		
核心合作 / 支持单位	上海市终身教育研究院 / 湘财证券投资者教育基地		
项目运作时间	2022 年 1 月	项目结束时间	2023 年 12 月
项目拟解决的关键问题	1. 提升全民金融素养，普及金融知识； 2. 保护投资者权益，促进国民金融健康		
对应的可持续发展 目标 / 领域（勾选）	☐ 社区健康教育　　☑ 社区和谐发展 ☐ 社区环境教育　　☐ 社区职业能力		
主要服务对象群体 （勾选）	☐ 老年人　　　　　　　　☐ 儿童与青少年 ☐ 在岗职工　　　　　　　☐ 外地来沪从业者 ☐ 残障人员　　　　　　　☐ 女性群体 ☑ 全体居民（无特定指向）　☐ 创业群体 ☐ 其他（请详细注明）		
主要经费来源 （勾选）	☐ 市级财政教育预算　　☐ 区级财政教育预算 ☑ 本单位自筹　　　　　☑ 社会资助 ☐ 其他渠道（请详细注明）		
项目联系人	尤艳丽		

一、项目背景

（一）社会经济的可持续发展对人的发展提出了新的素养要求

2015年9月，"联合国可持续发展峰会"在纽约联合国总部召开，会议的重要成果文件是《改变我们的世界——2030年可持续发展议程》，该文件明确提出"采用统筹兼顾的方式，从经济、社会和环境这三个方面实现可持续发展"，其中关于经济实现可持续发展，特别强调了"实现繁荣必须有持久、包容和可持续的经济增长。只有实现财富分享，消除收入不平等，才能有经济增长"。这意味着，经济的发展是以最广大人群的共同富裕而实现增长，而不是个别人群的财富增加。那么，让更多的人参与和融入社会经济的发展是实现财富分享的前提条件。该文件的目标8提出，要促进持久、包容和可持续经济增长，促进充分的生产性就业和人人获得体面工作，并在该目标下的第10点提到要鼓励并扩大全民获得银行、保险和金融服务的机会。

然而，我国在金融领域的服务并非太少，而是太专业，这导致普通人无法根据自己的常识去理解并享受相应的服务，"他们是经不起欺诈冲击的——这很容易成为社会稳定问题——但是，他们又偏偏不懂银行、不懂金融，很容易被骗"。这更突出了金融素养提升的重要性和迫切性。于是，教育就成为重要的手段。但我们认为这种教育应该是全纳性的，即无论是儿童还是成人，都应有机会获得教育，掌握必要知识和技能，充分融入社会。

（二）金融素养教育是终身教育的重要组成部分

从"十四五"时期到2035年，上海将基本建成"五个中心"，其中包括国际金融中心。与国际金融中心地位相匹配的是普遍较高的市民金融素养。《上海市终身教育发展"十四五"规划》提出了"面向社区居民提供各类社会文化生活教育服务，提升市民综合素养"，并将"培育和打造终身学习新品牌"作为终身教育事业发展的重要指标之一。2019年，证监会和教育部联合印发了《关于加强证券期货知识普及教育的合作备忘录》，希望通过加强统筹规划和规范指导，解决在教育过程中出现的教材质量参差不齐、师资力量不足、学习资源有限等问题。其实早在2013年，国家就开始开展投资者教育，各地发展速度较快，但质量上没有明确统一的标准。为落实上海市和教育部两个文件中的精神，静安区终身教育研究所联合学校、政府和企业协同开展投资者教育。投资者教育坚持以人为中心的发展理念，推行以发展为导向的政策，树立培养金融知识与技能、构建金融素养教育服务平台为目标，采用政府统筹管理、学校把握标准、企业提供资源的方式共同推进，旨在提升社区居民的金融素养。

二、具体做法

市民金融素养的提升是久久为功的一项事业。金融机构的专业性和普通市民对个性化的投资需求之间存在先天沟通壁垒，同时，我国社会老龄化明显，老年人在获取现代金融知识方面存在一定短板。因此，面向市民的金融素养教育是一项系统工程，需要构建适需的金融知识普及内容，并通过可见、可感、可体验的方式传播金融理念，联合各方教育主体力量和市民共同成长，营造健康的金融环境。静安区终身教育研究所投资者教育基地以金融基础知识、技能、价值观为出发点，全面构建金融素养教育服务平台，打造"金融+"的教学模式，以提升市民金融素养，促进国民金融健康。

（一）以人为本，打造可持续发展的金融素养教育服务平台

1. 签订合作备忘录，携手推进市民金融素养可持续发展提升工程

为积极响应联合国2030年可持续发展议程的相关内容，配合贯彻落实证监会、教育部《关于加强证券期货知识普及教育的合作备忘录》精神，上海市静安区金融服务办公室、上海市静安区终身教育研究所、上海市证券同业公会就提升静安区市民金融素养、普及财富观念教育、推进静安终身投资者教育共同签订了《关于进一步加强静安区终身教育及市民金融素养教育的合作备忘录》，旨在搭建市民金融素养可持续发展教育资源共享平台，发挥资源共享优势，拓宽金融知识普及的教育渠道，提升社会公众的金融风险防范意识及投资理财能力。同时，也丰富了静安社区教育的内涵，通过具有高度公信力的社区学习体系，政府—学校—企业多主体携手推进市民金融素养可持续发展提升工程，促进国民金融健康，助力上海国际金融中心建设。

图1 备忘录签署现场

2. 创建"金融可阅读"IP

创建"金融可阅读"IP，打造海派特色的投资者教育品牌。海派特色的投资者教育是要打造站在上海城市发展高位的、具有金融元素的教育活动，各主体联手打造面向全市的"金融可阅读"活动品牌，通过朗朗上口的 Slogan 提高投资者教育的社会认知度以及公众对证券投资的认同度，同时为市民金融素养教育与投资者保护工作增加人文属性。我们所共建的联合品牌"金融可阅读"项目，具有如下主要特征。

第一，投资者教育是金融知识的教育，教育借助的最大载体是阅读，因此"金融可阅读"作为海派特色投教活动品牌是非常贴合的。第二，"金融可阅读"的外延丰富，"阅读"是欣赏，可以是金融主题美术作品展，可以是任意一种视觉、听觉、嗅觉的欣赏，拥有巨大的创新创意创造空间，可以有丰富的释义。第三，"金融可阅读"是对"建筑可阅读"品牌的致敬，体现出对上海这座城市由衷的热爱。第四，用创新创意、富有海派开拓精神的活动把投资者教育与终身教育结合起来，更与上海城市建设紧密联系起来，身体力行地贯彻"人民城市人民建，人民城市为人民"的重要讲话精神。

图2　主流媒体报道投资者教育融合发展 IP 共建研讨会

（图片来源：《新民晚报》家庭周刊，2022年9月28日—10月4日第六版申城教育·专题）

3.科研引领，研讨金融素养教育可持续发展的相关议题

2022年主办"提升市民金融素养，促进国民金融健康"学术研讨会。以投资者案例推广为范本，总结了近两年投资者教育基地走进社区、走进学校、走进企业的数百个优秀实践案例，梳理了伴随人的成长的投资者教育的模式，为这种促进人的素养提升的公益教育提供了行动示范案例集。

图3　学术研讨活动嘉宾合影

（二）以人为本，培养市民金融素养可持续发展的知识、技能与价值观

1. 搭建微信公众号平台，线上线下一体化，全方位推动金融素养教育融合发展

"金融可阅读"的线上活动主要依托互联网直播、在线小程序、线上媒体投放等形式，通过数字化体验模式将"金融可阅读"活动品牌效应放到最大，创造性地通过小程序为广大投资者／社会公众提供身临其境的个性化体验。"金融可阅读"在线小程序的落地，除了独具匠心的创意与策划，更是以敏锐的数字化市场洞察，在当今快节奏的数字化世界中树立了品牌宣传榜样，形成快速应答市场的责任与使命，以速度和创新实现更多可能。

"金融可阅读"作为上海市民金融素养教育品牌活动，必须在活动的经纬度上引起广泛关注效应。在活动的广度上面，主要依托线上活动以及线下若干小活动形成绵延可持续的宣传态势；在活动的纵深度方面，举办"金融可阅读"旗舰活动并依托上海超级IP"建筑可阅读"发力。

2. 组织金融巡讲进社区

联手组织金融巡讲进社区活动，为静安区市民提供金融基础知识讲座和防非反诈宣传，印发金融风险防范宣传手册，组织市民学习感悟交流会，增强广大市民金融风险防范意识和金融风险识别能力，提升个人投资能力，守护好市民的钱袋子。

图4　金融巡讲进社区合影

3. 形成开放共享的学习资源

静安投教基地发挥了终身教育的领跑者作用，协调金融讲师开设金融素养教育讲座、制作课程视频，向市民发布，并以热忱的态度感染政府、投教基地、金

融机构，迎合市民需求与学习特点，建设视频微课、读本、专栏文章等教育资源。投教基地将这些资源整合，发布在静安区市民终身学习专用网站"E学静安"的"智慧金融"教育专栏，形成了金融素养的系列教育课程以及相关资源。这些资源从培育投资者理性的角度助力基层社会治理，为社区教育赢得了良好的社会声誉。

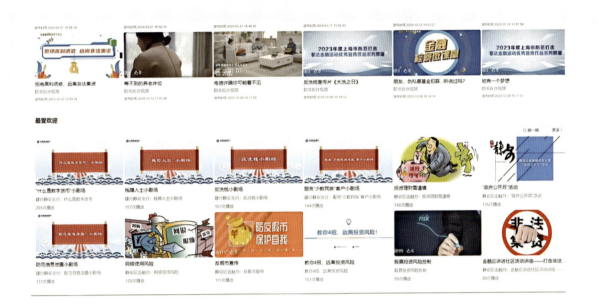

图5　智慧金融数字资源首页

三、项目成效

（一）构建了互通的推进路径

金融素养教育符合联合国可持续发展的思潮，其行动初衷符合人的发展需求，这也是以人为本、注重人类发展的一个重要内容。静安终身教育投教基地充分发挥社区教育体系中的主导作用，勇于开拓，主动作为，创新工作理念，通过签订合作协议、开展学术研讨、打造多层次的品牌等方法，克服了内容重合、条块分割、机制碰撞的弊端，以静安区领先全市的终身教育"3.5级网络架构"和"8分钟学习圈"为核心，塑造了多元主体协同推进的路径系统，使得不同内容的金融素养教育活动在不同层面、不同人群中通过不同形式畅通无阻地推进，各方又能共享各自所需的推进成果。

图6　多元主体共建品牌"历道学堂"

（二）创设了多元的品牌活动

本项目着眼于赋能国际金融中心建设，对标区域可持续发展，适应区域治理需求，努力在"服务市民终身学习"这个大目标下，使市民终身教育和市民金融素养教育互相充实内涵。投教基地联合多个主体在不同层面创建市民金融素养提升的工作品牌："金融＋教育"的"少年儿童财商"系列课，"金融＋艺术"的"风从海上来·海派证券绘"主题创作画展，"金融＋竞赛"的"庆棠杯"金融知识系列竞赛活动，"金融＋红色记忆"的红色金融人文行走活动，等等。金融素养提升行动，走进中小学，走进大学，走进投教基地，走进博物馆，走进网络，多层面创立的行动品牌，把金融素养教育与终身教育融合在一起，体现了社区教育泛在可选的特点，提升了市民的金融素养，促进了金融健康。

图7　"金融＋艺术"的"风从海上来·海派证券绘"主题创作画展合影

（三）弘扬了开放的服务精神

对上海开放大学来说，"终身教育赋能市民金融素养提升行动"应对"国际静安，卓越城区"的区域发展战略目标和静安区楼宇经济的特色，准确选点，充分利用静安区终身教育资源和体制的优势，在区域内将金融素养教育重点向"一青两白"人群覆盖，起到一定示范与辐射作用。该项目还渗透到学历教育的课堂教学和社团活动中，体现了终身教育"普惠多元、泛在可选"的宗旨。学校发动开大毕业生和在读生、社区学校教师和学员，参与金融素养提升的知识讲座、知识竞赛，参与群体面不限于静安区，努力使金融素养教育达到"人人皆学、处处能学、时时可学"的境地。

（四）获得上海市终身学习新品牌项目

2023年12月3日，"2023年上海市第十九届全民终身学习活动周"开幕式在华东理工大学举行。本届活动周以"让学习成为一种生活方式"为主题，全面展示了新时代上海市民全民终身学习的新常态、新风采。本项目"金融可阅读——终身教育赋能市民金融素养提升行动"获评2023年上海市"终身学习新品牌项目"。

图8 上海市终身学习新品牌项目证书

四、项目的创新性与可推广性

（一）项目的创新性

1.社区教育参与落实可持续发展的目标

静安终身教育投教基地是上海首个加入投资者保护教育联盟的社区教育学校。

学校将国家和市的"十四五"发展规划与终身教育、学校业务以及静安区实际紧密结合，选择了"金融素养教育"这个已开展而又未拓展的主题，通过社区教育体系的牵引与组合，建设丰富的学习资源，拓展了局面。与多家政府机构、国家级投教基地签订多方合作战略协议，推进市民金融素养教育，根本目的就是要落实联合国提出的可持续发展目标。

2. 终身教育科研发挥咨询设计作用

静安区终身教育研究所发挥智库作用，以研究所为项目推进的行动主体，设计协同推进路线、行动方案，组织学术研讨，撰写研究文案。在各方支持下，研究所联合上海市终身教育研究院、上海财经大学、上海外国语大学等高端研究单位，开展提升市民金融素养的政策与行动研究，吸引了政府部门和国家级投教基地的主动参与。学术探索赋能上海城市可持续发展的特征明显。

3. "政府—学校—企业"协作推进市民素养的教育机制

项目突破了行政主导的传统推进模式，以学术引领、开放共享为原则，形成了基于共同愿景的"政府—学校—企业"多元主体协作的金融素养教育推进机制。通过阅读、行走、宣讲等"线上＋线下"的组合，运用多种形式推进金融素养教育进网络、进社区、进学校，并组织系列"金融＋艺术＋人文＋红色记忆"的感悟式、体验式学习活动，变传统的单向式学习为沉浸式学习。

（二）项目的可推广性

1. 实现教育资源共享

将金融素养教育纳入社区教育体系，可以实现教育资源的共享和普及。金融素养教育课程可以通过社区学校、区内教育机构等渠道普遍开设，覆盖更广泛的群体，提高其金融素养水平。本项目通过进社区，将优质的社会教育资源带入社区教育，不仅使得个人受益，也促进了社区的可持续发展。

2. 培养未来投资者

金融素养教育的可推广性也表现在培养未来投资者的能力、意识和创造力。通过纳入社区教育体系，可以使更多的人接触和理解投资的基本概念和技巧，为未来的投资决策打下坚实的基础。

3. 提升社会整体效益

投资者教育的推广对于整个社会具有积极影响。增加公众对金融知识的了解和认知，提高投资者的风险意识和决策能力，有助于减少金融欺诈，降低投资风险，维护金融市场的稳定和健康发展。同时，投资者教育也可以在一定程度上减少代际贫困情况的发生，更好地实现经济和社会的可持续发展目标。

附件　2021 年至 2023 年项目开展情况汇总表

时间		教学主题	开展形式	类型	参与人数
2021年	7月	《关于进一步加强静安区终身教育及市民金融素养教育的合作备忘录》	线下	签约仪式	40
	7月	爱心暑托班——娃娃财商课（6课时）	线下	进学校	50
	11月	警惕团伙作案，勿入证券期货投资圈套	线下＋线上直播	进社区	30+600
	11月	风从海上来·海派证券绘——艺术主题创作展	线下	艺术展	1000
	11月	投教助力国民金融素养提升（2课时）	线上直播	进社区	300
	12月	基金知识宣讲	线下	进企业	50
2022年	3月	《上海市静安区终身教育研究所、湘财证券股份有限公司投资者教育基地合作备忘录》	线上直播	签约仪式	100
	9月	"智金坊"项目启动	线下	进企业	50
	10月	"庆棠杯"模拟炒股大赛	线下＋线上直播	进学校	300
	11月	网络金融知识大赛	线上直播	进学校	600
	12月	提升市民金融素养学术研讨会	线下＋线上直播	进学校	100+20000

续表

时间		教学主题	开展形式	类型	参与人数
2023年	6月	防非反诈，警惕这些非法陷阱	线下+线上直播	进社区	30+600
	7月	爱心暑托班——投资基本理念	线下	进学校	14
	7月	爱心暑托班——货币简史	线下	进学校	41
	9月	守护夕阳红，防骗反诈需当先	线下	进社区	50
	10月	远离非法金融活动，守住养老"钱袋子"	线下+线上直播	进社区	55+177
	10月	金融进社区·金融可阅读——海派金融绘艺术主题创作展	线下+线上直播	艺术展	1000+7278
	11月	金融巡讲进社区——防非反诈（60场）	线下	进社区	2000
	12月	养老金融——智慧康养（6场）	线下	进企业	60
	12月	"历道学堂"揭牌仪式	线下	进学校	60

主要参考文献

［1］中华人民共和国商务部常驻日内瓦联合国代表团经贸处.改变我们的世界：2030年可持续发展议程［EB/OL］.中华人民共和国商务部，2016-04-13.

［2］陈志武.陈志武金融通识课［M］.长沙：湖南文艺出版社，2018.

17 乡村振兴，职教先行

——引导多样人才向农而行

李静　黄正　谢纯　吴卓淳　何家丽
杨先锋　杨志胜　李诗瑶　张铮
（上海第二工业大学职业技术教师教育
学院）

案例概况

项目名称	乡村振兴，职教先行——引导多样人才向农而行		
项目实施机构	上海第二工业大学职业技术教师教育学院		
所属行政区	浦东新区		
核心合作 / 支持单位	"土是宝"农业合作社 松江区新浜镇成人中等文化技术学校 上海市松江区社区学院 松江开放大学 上海终身教育研究院		
项目运作时间	2023年6月	项目结束时间	2023年9月
项目拟解决的关键问题	聚焦我国亟待解决的时代课题——"谁来种地""怎样种地"，从"数字农业＋职业教育"视角出发，为留守农民数字农业技能转型、返乡中青年数字农业技能重塑、高校青年数字农业技能跨界迁移提供职业生涯规划课程与支持，引导多样人才向农而行		
对应的可持续发展目标 / 领域（勾选）	☐ 社区健康教育　　☐ 社区和谐发展 ☐ 社区环境教育　　☑ 社区职业能力		
主要服务对象群体（勾选）	☑ 老年人　　　　　　☐ 儿童与青少年 ☐ 在岗职工　　　　　☐ 外地来沪从业者 ☐ 残障人员　　　　　☐ 女性群体 ☐ 全体居民（无特定指向）☐ 创业群体 ☑ 其他（高校青年）		
主要经费来源（勾选）	☐ 市级财政教育预算　　☐ 区级财政教育预算 ☑ 本单位自筹　　　　　☐ 社会资助 ☐ 其他渠道（请详细注明）		
项目联系人	李静		

一、项目背景

强国必先强农。党的二十大对农业农村工作进行总体部署，未来五年"三农"工作要全面推进乡村振兴，到2035年基本实现农业现代化。数字农业与新农民是建成农业强国、实现乡村振兴的关键。与此同时，乡村振兴靠人才，人才培养靠教育，新时代职业教育扛起乡村振兴新使命。虽然我国在农业发展方面不断取得进步，仍然面临农村空心化、农业边缘化与农民老龄化等问题，"谁来种地""怎样种地"成为亟待解决的时代命题。本项目依托数字时代背景，从"数字农业＋职业教育"视角切入，试图探寻"谁来种地""怎样种地"问题的解决方案，也以此为契机尝试职业教育服务乡村振兴的新范式。

本项目为上海第二工业大学职业技术教师教育学院学生暑期社会实践项目，团队由教师李静带队的八名2022级研究生组成，有着深厚的计算机专业与职业教育背景，其中黄正与张铮为大数据与智能信息服务专业，谢纯、吴卓淳、李诗瑶、何家丽与杨先锋为计算机与人工智能方向，杨志胜为电子与测控技术方向。在学习计算机专业的同时，他们扎根职业技术教育领域，通过"技术＋教育"特色的课程体系与培养模式，有志于未来成为"双师型"教师，为上海乃至全国紧缺领域的高质量技术技能人才培养做出贡献。2023年6月，在上海终身教育研究院李家成院长、松江开放大学陆逸副校长与松江区社区学院曹天晴主任的帮助和支持下，团队与"土是宝"农业合作社以及松江区新浜镇成人中等文化技术学校范林峰校长及其团队一同在"上海之根"松江区开启了探索数字农业、乡村振兴与职业教育的协同路径之旅。

二、具体做法

（一）走农业合作社——探数字农业新业态

暑期社会实践团队多次走访松江"土是宝"农业合作社，深入学习和了解数字农业的最新发展动态。"土是宝"农业合作社社长何杨阳老师与技术总监马宏老师基于自身实践，围绕"资源，装备，农业，管理"四大板块，详细地讲解当下多类智能农机如何展开"空地协同"实践，实现耕、种、管、收全流程向"少人化、无人化"升级，生动呈现合作社在建构数据交互模型与数字农业模式方面的探索。

图1 "土是宝"农业合作社

图2 何杨阳老师介绍数字农业

图3 马宏老师讲述数字农业转型的机遇与挑战

图4 实践团队队长黄正感受智能化农业机械魅力

图5　实践团队与松江区社区学院、新浜镇成人中等文化技术学校团队
在"土是宝"农业合作社第一次调研

二工大学子深入田间地头，探访数字农业大数据平台，亲身体验智能农机装备，开启了数字农业与职业教育双向融合的探索之路。

（二）访三类关键群体——寻乡村振兴新活力

在"土是宝"调研过程中，团队成员逐步聚焦我国亟待解决的时代课题——"谁来种地""怎样种地"，锁定传统留守农民、返乡中青年农民、大学生三大类从事数字农业的潜在群体，开展深入调研，共生成41份调研报告。

图6　农民伯伯们向团队成员讲述自己的"土方法"如何应用到数字农业中

1. 传统留守农民

第六次人口普查数据显示，全国约有5988.188万留守老人，占总人口的4.33%。乡村留守农民大部分为中老年人。传统留守农民平均年龄高，文化水平不高，农业技能较为传统，乡土依恋重。"不离乡不离土的传统留守农民在这场数字农业变革中该何去何从"成为本项目调研的聚焦点之一。在调研过程中，团队发现"土是宝"农业合作社中几位留守农民在数字农业模式中扮演重要角色。"土是宝"与多所大学和研究机构合作，在数字农业不同的维度上共同探索解决方案。相关专业的大学生经常扎根在"土是宝"进行智能化农业机械的相关编程与开发。高校青年们虽然有扎实和丰富的计算机与机械专业理论知识，却从小没有很多耕种实践经验，在研发过程中，对耕种的实际需求和复杂情况不甚了解。这些高校青年与当地留守农民组成团队，在智能机械研发与测试过程中，顶着烈日在耕地中一遍又一遍地寻找解决方案。青年们被留守农民们吃苦耐劳的精神所感染，被朴实而又丰富的农耕实践智慧所折服。

2. 返乡中青年农民

近几年来，在大城市的生活压力以及家乡的政策吸引之下，越来越多在城市里工作的中青年选择返回家乡为家乡做贡献，中青年人口的反向流动趋势逐渐凸显。团队调研的对象为在大城市打工且在不远的未来确定返乡的乡村中青年，该群体小时候有帮助家庭务农的经验，在外打拼多年，在城市从事一般性技能工作，可被替代性强，扎根城市难，没有归属感，没有稳定和赖以生存的核心技能，愿意吃苦，思维活跃，愿意尝试新事物，接受新思想，虽然文化水平不高，但是学习能力强，未来职业规划较为迷茫，不太了解国家对乡村、对农业的规划与政策，对乡土有一定的依赖情感，对是否加入数字农业持观望态度。

3. 高校青年

高校是推进乡村振兴的"蓄水池""助推器"，也是培养乡村振兴人才的重要主体，大学生是乡村振兴的生力军。团队针对大学生群体对现代数字农业以及乡村振兴政策的了解程度等方面展开调研，所调研的大学生来自20多个不同的专业。调研结果显示：不少大学生仍局限于自身专业和城市场域进行未来职业规划，不了解其专业在乡村场域和数字农业领域能够有何创新性的迁移和应用；对乡村和未来发展的刻板印象有所消解，但其认识仍然停留在浅表层。群体中也不乏对乡村振兴感兴趣、想出力的人才，然而对数字农业的发展现状不了解，对投身乡村的发展路径不清晰。

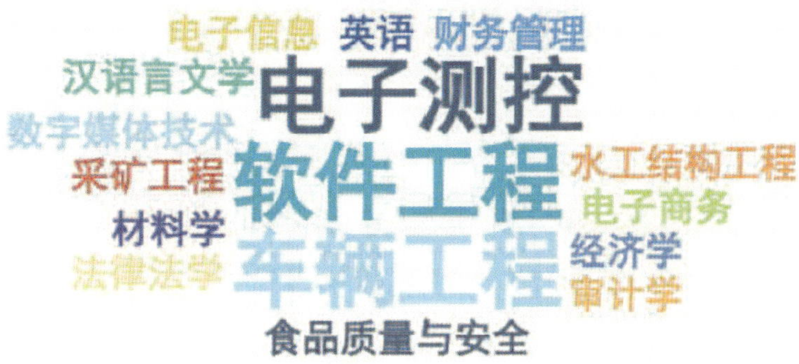

图7　访谈调研大学生专业分布

图8　线下大学生访谈现场

（三）创数字农业职业生涯课程——引导多样人才向农而行

团队基于调研数据，以"数字农业＋职业教育"为轴心，开发模块化职业教育课程。第一模块系统梳理我国乡村振兴的时代脉络，呈现为什么农业、农村如此重要，结合典型案例，引出数字农业的政策、内涵与发展现状。第二模块聚焦新型职业农民群体，从来源、培养、特征等多元维度阐述新型职业农民的新特征。第三模块分别面向传统留守农民、返乡中青年农民和高校青年三大群体，剖析三大群体特征，挖掘各自进入数字农业的优势与挑战，呈现数字农业技能转型的前景与政策支持，梳理传统留守农民数字农业技能转型、返乡中青年农民数字农业技能重塑与高校青年数字农业技能跨界迁移，助力各类人才投身数字农业，并且消解整个社会对乡村以及农业的刻板印象。

三、项目成效

（一）生成一套呈现新乡村新农民新职业的线上线下课程活动资源

在项目实行期间，团队运用自身所学职业技术教育理论与技能，明确数字农业蕴含的核心岗位与职责，开发"数字农业新职业新技能"课程，铺设立交式职业学习轨道，帮助传统留守农民、返乡中青年农民与高校青年明晰新技术对农业相关职业的影响及前景，明确数字化时代下职业技能提升方向与渠道。利用团队成员计算机技能优势与互联网信息技术，将课程资源与系列短视频在国内平台投放和推广，一方面通过共享教学资源惠及更多社会学习者，另一方面打破外界对乡村的刻板印象，使更多人深度了解数字农业，吸引更多优秀人才致力于乡村振兴。同时，充分考虑信息技术鸿沟，为乡村留守传统农民制作科普画册与扇子，通过线下活动渠道，将课程以更加通俗易懂的方式呈现给农民。

1第一课-中国数字农业背景

2第二课-数字农业的政策、内涵与发展现状

3第三课-新型职业农民

4第四课-传统留守农民数字农业技能转型

5第五课-返乡中青年数字农业技能重塑

6第六课-高校青年数字农业技能跨界迁移

图9 视频课程系列

图10 宣传画册

图11 与新浜镇成人中等文化技术学校、"土是宝"农业合作社联合线下活动

（二）建构职业教育服务乡村振兴的实践范式

职业教育服务乡村振兴的模式在一定程度上被固化，直接培养培训涉农人才成为主流方式。然而，在数字化时代，行业的急速变化使得大量的劳动力群体面临技能重塑与转型，如何引导不同的人才向农而行成为职业教育服务乡村振兴的另一重要切入点。本项目融合计算机专业知识与技术、职业教育、乡村建设和新

农民职业生涯发展，联合"土是宝"农业合作社、新浜镇成人中等文化技术学校、松江社区学院和上海终身教育研究院进行多元主体协同，为人才、农业和乡村建设的可持续发展做出努力。项目获得2023年"知行杯"上海市大学生社会实践大赛三等奖、全国大中专学生志愿者暑期文化科技卫生"三下乡"社会实践优秀团队荣誉称号。

（三）厚植服务乡村建设情怀

本团队成员在不远的将来即将成为职业技术教育教师，职业教育的未来不仅仅在职业院校的课堂和城市的企业中，也在广阔的乡村大地上。项目的设计初衷不仅仅是开发课程引导社会多样人才向农而行，也是使团队成员自身在接触新农人、新农业的同时，感悟未来职教教师服务乡村建设的责任感与使命感。具有服务乡村建设情怀的老师才能够培养出更多懂数字农业、爱新乡村、爱新农民的乡村振兴后备军。

四、项目的创新性与可推广性

本项目涉及农业、乡村与人的可持续发展，唤醒和提升三类目标群体在农业领域的职业生涯规划与终身学习意识，为解决当前传统留守农民低端就业问题、中青年返乡农民离农倾向与职业发展困惑问题、高校青年就业难问题提供新对策。与此同时，打破公众对农村和农业"发展滞后，靠天吃饭"的刻板印象，了解乡村产业新发展，乡村农民新职业，乡村生活新气象，在多类群体中埋下未来投身乡村振兴与建设的种子，使得其转化成潜在的人才储备。

团队成员深刻感受到人、各行各业与社会的可持续发展不是靠一人之力，也不是靠一个团队之力。可持续发展教育的高质量实施需要社会上人人愿意且能够具备跨界思维，需要社会各个机构愿意基于自身所长为新的可能性提供支持，需要在时间的长河中从全局、长远上进行决策、规划和尝试。本次上海第二工业大学8名研究生学子的一次暑期实践只是一个小小的开始，一堂好课、一场实践、一次引导、一种示范，"新职教人"描绘的"乡村振兴画卷"正徐徐铺开！

图12　团队成员交流

18 以终身教育对口帮扶 赋能乡村振兴人才培养

陈宏观　卢巍　邢波　陈云　高晓晓

［徐汇区业余大学（徐汇区社区学院）］

案例概况

项目名称	以终身教育对口帮扶 赋能乡村振兴人才培养
项目实施机构	上海市徐汇区业余大学（上海市徐汇区社区学院）
所属行政区	徐汇区
核心合作 / 支持单位	西藏自治区萨迦县人民政府 上海市第十批援藏干部萨迦小组 上海市徐汇区人力资源和社会保障局
项目运作时间	2023年5月　项目结束时间　2023年11月
项目拟解决的关键问题	发挥教育对口帮扶优势，助力区域产业发展所需人才的教育与培训
对应的可持续发展目标 / 领域（勾选）	☐ 社区健康教育　　☐ 社区和谐发展 ☐ 社区环境教育　　☑ 社区职业能力
主要服务对象群体（勾选）	☐ 老年人　　　　　　　☐ 儿童与青少年 ☐ 在岗职工　　　　　　☐ 外地来沪从业者 ☐ 残障人员　　　　　　☐ 女性群体 ☐ 全体居民（无特定指向）☐ 创业群体 ☑ 其他（请详细注明）西藏自治区日喀则市萨迦县乡村振兴专干及农牧民
主要经费来源（勾选）	☐ 市级财政教育预算　　☐ 区级财政教育预算 ☑ 本单位自筹　　　　　☐ 社会资助 ☑ 其他渠道（请详细注明）
项目联系人	陈云

一、项目背景

（一）服务大局需求的使命担当

对口帮扶是中国先富帮后富、实现共同发展的一项重要的扶贫开发政策。对口帮扶政策始于1996年，20多年来通过东西部扶贫协作，结对牵手，贫困地区的扶贫开发工作所取得的成就举世瞩目，集中体现了中国特色社会主义制度的优势。

民族复兴需要乡村振兴，乡村振兴需要教育先行。根据2023年1月中央一号文件《关于做好2023年全面推进乡村振兴重点工作的意见》精神，要深入实施教育干部人才"组团式"帮扶，增强脱贫地区和群众的内生发展动力。在农业农村部和财政部联合颁布的《乡村产业振兴带头人培育"头雁"项目实施方案》中，强调要通过培训提高带头人的综合素质，助力他们成长成才。通过对带头人进行系统性培育和综合性政策支持，进一步增强其发展实力，发挥示范引领和辐射带动作用，进而提升乡村产业振兴人才整体素质，为全面推进乡村振兴提供支撑和保障。

（二）基于区域实际的主动作为

按照党中央、国务院的决策部署，在上海市委市政府领导下，徐汇区自2013年起对口支援西藏自治区日喀则市萨迦县。徐汇区以"中央要求，当地所需，徐汇所能"为原则，以"做大消费扶贫，做强就业扶贫，做深文旅扶贫，做优智力扶贫"为重点，发挥徐汇区作为上海市的教育优势区的特点，以"智力扶贫"为主线，把教育扶贫作为助力对口支援地区阻断贫困代际传递的根本抓手，在做优智力扶贫上持续发力，扩大帮扶规模，深化帮扶内涵，提升帮扶实效。

教育帮扶是精准脱贫的关键，"扶智＋扶志"，有助于激发乡村振兴"原动力"。徐汇区利用区域内丰富的优质教育资源，整合资源，凝聚力量，通过组团支教走出去，选拔政治素质好、业务能力强的骨干教师赴对口支援学校任教、讲学，为全面提高受援地区的教育教学质量提供人力保障。此外，徐汇教育还实行对口帮扶请进来，整合区内外专业资源，探索分层培训，构建适合不同需求的多级培训模块，保障受训人员学有所获。

（三）学校转型发展的内生动力

上海市徐汇区业余大学（上海市徐汇区社区学院）是徐汇区人民政府主办，教育部注册的独立设置的成人高等学校。学校立足区域学习型城区建设和新时代平台型高校定位，以高质量发展为主题，形成"办学实体（学历教育、老年教育）＋管理服务平台（终身教育）＋研究智库（徐汇区学习型组织研究中心）"的办学定位，开展学历成人高等教育、非学历教育、社区教育和老年教育，努力构建服务全民终身学习的教育体系，不断提高区域劳动力受教育水平，提升市民学习力和城区软实力，为服务促进城区高质量发展、高品质生活和高效能治理，促进学习型城区、学习型城市建设做出新的更大贡献。

在此背景下，学校大力开展职业培训，拓宽资源整合渠道，搭建衔接融通的终身学习"立交桥"。学校牢记服务国家发展大局的使命担当，主动作为，积极承接对口帮扶培训任务，为乡村振兴人才培养增添助力。

二、具体做法

受西藏自治区萨迦县人民政府、上海市第十批援藏干部萨迦小组委托，上海市徐汇区业余大学联合徐汇区人力资源和社会保障局针对萨迦县乡村振兴实践现状，针对不同对象需求开展了系列乡村振兴培训，旨在通过培训培养实用型人才与骨干力量，加强乡村振兴人才队伍建设，为全面推进萨迦县农业农村现代化贡献力量。此次对口帮扶项目主要有两类：一类是乡村振兴人才技能提升类培训项目，另一类是乡村振兴专干"头雁"培训项目。为使培训落到实处，徐汇业大着重从以下三方面开展工作。

（一）根据群体特点设计培训形式

两类对口帮扶培训项目所面对的培训对象不同。人才技能提升类培训项目主要面向萨迦县各乡镇选出的普通农牧民，他们想要通过学习改变落后面貌以及追求美好生活的愿望比较强烈。为了帮助他们学会一项技能、掌握一技之长，徐汇区业余大学非学历教育部综合乡村振兴人才技能培训清单和区域优势培训资源特点，为这些农牧民开展"西式糕点师"技能培训。同时，为了开阔他们的眼界见识，切实感受到东西部发展的巨大差异，以观念的冲击增强求强、求富、求发展的信念，在援藏小组的资助下，这些农牧民从西藏来到上海进行浸润式的专业技能培训。

乡村振兴专干"头雁"培训项目主要面向萨迦县选派的优秀乡村振兴专干，这些人员中既有县级相关单位专干，也有来自各乡镇以及村一级的基层干部。根据乡村振兴专干队伍的工作性质和特点，对他们的培训采取"送教上门 + 来沪参训"相结合的形式，通过理论学习、案例分析、小组讨论、现场教学、社会考察等方式，帮助这批骨干学员开阔工作视野、树立发展信念、提升专业能力，以发挥他们业务骨干的"传帮带"作用，助力萨迦县全面推进乡村振兴。

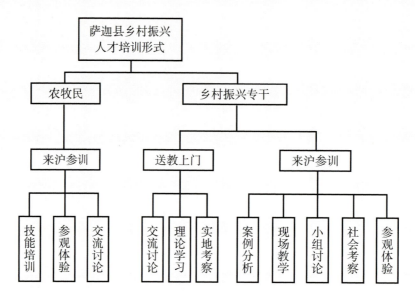

图1 萨迦县乡村振兴人才培训形式

（二）结合区域特点定制培训内容

不论是农牧民西点师培训，还是乡村振兴专干培训，为使培训内容更具针对性和实践性，学校和各方反复沟通，根据区域特点量身定制了培训课程，学习日程紧锣密鼓，内容丰富充实。比如，同样是做西点培训，在农牧民来沪之前，学校邀请职业技能培训中心的专家根据西藏当地的饮食特点，研制了添加青稞原料的各类特色青稞饼干。农牧民在来沪的浸润式技能培训中，不仅掌握了混酥类糕点、甜面包类、无糖无油面包类、蛋糕类、清酥类糕点以及具有西藏当地青稞原料特色的青稞饼干等二十几种西点的制作方法，还将所有专门为他们研发的西点配方带回西藏，以便在实践中继续精进与传播技能。

在乡村振兴专干"头雁"培训课程中，有深入浅出的"社会资本参与乡村振兴的路径选择"等专家讲座，有注重实务的"地方特色农产品品牌策划与市场营销""乡村特色项目招商引资"等案例分析，也有"乡村振兴的浙沪经验"等内容的研讨交流与亲身走访的现场教学，帮助专干"头雁"深入了解乡村振兴的先进理念、创新做法和成功经验，启发干事创业源泉。此外，为促进乡村振兴专干"头雁"作用的发挥，培训中还安排了"重走总书记之路""踏寻红色印迹""'上海之根'城市文化项目挖掘"等社会考察活动，帮助他们在实践中感悟革命精神，坚定他们的发展信念。

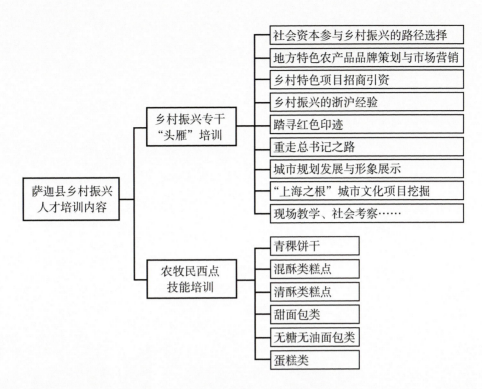

社会资本参与乡村振兴的路径选择
地方特色农产品品牌策划与市场营销
乡村特色项目招商引资
乡村振兴的浙沪经验
踏寻红色印迹
重走总书记之路
城市规划发展与形象展示
"上海之根"城市文化项目挖掘
现场教学、社会考察……

乡村振兴专干"头雁"培训

萨迦县乡村振兴人才培训内容

农牧民西点技能培训

青稞饼干
混酥类糕点
清酥类糕点
甜面包类
无糖无油面包类
蛋糕类

图2　萨迦县乡村振兴人才培训内容

（三）整合融通资源发挥平台优势

　　徐汇区业余大学是一所平台型大学，已形成"大学＋平台"的办学架构，既承担成人高等学历教育、终身教育，也从事非学历教育及培训，还负责社区教育业务指导，覆盖区域内所有13个街镇，在资源整合融通上具有丰富经验。此次终身教育对口帮扶培训，学校积极联合上海市现代食品职业技能培训中心，精心研制以青稞为原料的饼干、糕点等，有效提升他们西点制作的技能，并将配方无偿赠送给农牧民以助推萨迦县西式糕点行业的进一步发展。邀请上海交通大学、上海市委党校等高校专家以及文化传播有限公司创始人、瓜果行业协会秘书长等农业技术专家骨干和电商运营负责人进行专题讲座、案例分析、现场教学等。发挥社区教育人文行走类课程优势带领专干"头雁"踏寻红色印迹、重走总书记之路，学校所在地徐汇区斜土街道在得知萨迦县乡村专干到徐汇参训后，还为"头雁"们专门安排了西岸智塔的参观讲解，增进他们的发展信心，助力筑牢中华民族共同体意识。

专栏1：这个培训班让农牧民变身西点师

原创 徐汇教育 2023-06-26 13：01 发表于上海

"我原本是一个普通的牧民，通过这次培训，我学到了许多西点制作技能，成了一名准西点师。回去后，我将认真实践并推广上海先进的西点制作技术，努力让老乡们品尝到丰富多样、美味可口的面包与蛋糕。"来自西藏自治区萨迦县的学员代表次旺平措激动地说。

近日，上海市徐汇区业余大学受西藏萨迦县人民政府、上海市第十批援藏干部萨迦小组委托，对来自萨迦县各乡镇的10名西藏学员进行了为期一周的"西式糕点师"培训。该项目旨在促进西藏自治区日喀则市萨迦县西式糕点行业发展，提高当地从业人员的技能水平，这也是徐汇区对口支援萨迦县人才技能提升类援藏项目之一。

在为期一周的集中培训中，学校量身定制了培训课程，涵盖了混酥类糕点、甜面包类、无糖无油面包类、蛋糕类、清酥类糕点，以及具有西藏当地青稞原料特色的青稞饼干等二十几种西点。通过一系列具有针对性并结合当地特色的西点职业技能课程，学员们系统掌握了西式糕点制作的知识与方法，有效提升了西点制作技能。

结业典礼当天，徐汇区业余大学党总支书记、校长陈宏观和上海市第十批援藏干部、萨迦县常务副书记、常务副县长沈佳梁共同为学员颁发了职业技能证书和结业证书。陈宏观表示，徐汇区业余大学将一如既往地擦亮"汇爱萨迦"这个徐汇援藏品牌，学校将成为西藏自治区萨迦县职业教育与技能培训工作的坚强后盾，希望学员们能够将所学知识与技能带回萨迦，为家乡发展贡献自己的力量。

专栏2：对口援藏传"真经"！这个乡村振兴人才培训项目开班了

原创 上海徐汇 2023-10-19 15：37 发表于上海

"实施乡村振兴战略，人力资本开发是首要位置。希望大家通过此次人才培训项目，提升各方面素养，为萨迦县全面推进乡村振兴添砖加瓦。"上海市第九批援藏干部、徐汇区业余大学副校长邢波对前来参加萨迦县乡村振兴人才培训开班典礼的学员说道。这是上海市徐汇区业余大学（上海市徐汇区社区学院）受萨迦县人民政府、上海市第十批援藏干部萨迦小组委托开展的东西部协作对口帮扶活动，也是徐汇区业余大学立足区域东西部协作和对口支援工作实际，以人才振兴为切入口，发挥终身教育、非学历培训的自身职能和优势，与萨迦县在构建乡村振兴人才培训合作框架作出的新尝试。

此次的乡村振兴人才培训，徐汇区业余大学不仅进行了精心组织与周密安排，更重要的是派出了精兵强将，邢波副校长带队，徐汇区人力资源和社会保障局四级调研员苏文德，上海市区办高校联合教务处政治学科中心组组长、徐汇区业余大学非学历教育部主任陈云副教授以及徐汇区教育系统中青年骨干教师、徐汇区业余大学发展研究部教师、管理学博士张金阁共赴萨迦县，提供送教上门服务。

刚抵达萨迦县，老师们还未适应当地的环境就马不停蹄地开展起各项专题讲座。苏文德、陈云、张金阁先后作《徐汇萨迦携手兴乡村》《提升责任意识，开拓工作思路——西藏萨迦县乡村振兴项目培训方案》《人才支撑——巩固拓展脱贫攻坚成果同乡村振兴有效衔接的重要维度》专题分享，聚焦徐汇区区情及人才政策、项目培训方案、乡村人才振兴政策等维度，进行背景说明、方案介绍及政策解读。

此次与萨迦县的乡村振兴人才培训合作不仅有送教上门服务，徐汇区业余大学还安排萨迦县乡村振兴骨干学员来上海参训学习。为保证课程学习成效，徐汇区业余大学特邀专家进行了课程顶层设计，研制出具有针对性、地域特色的乡村振兴培训系列课程，借助理论学习、案例分析、小组讨论、现场教学、社会考察等培训方式，帮助学员们开阔工作视野、提升专业能力，助力萨迦县全面推进乡村振兴。

三、项目成效

（一）形成了终身教育对口帮扶培训机制

乡村振兴战略的落实需要在党和政府的领导下广泛凝聚各方力量。业余大学既有办学实体（学历教育＋非学历教育），也是区域终身教育的管理服务平台，同时还是学习型城区建设的研究智库，是新时代平台型高校。通过帮扶小组牵线，在原来基础教育对口帮扶的基础上，形成终身教育对口帮扶的培训机制。依托上海市、徐汇区的教育优势资源，与被帮扶地区共同定制需求清单，实施"菜单式"个性化培训，实现帮扶地区"点菜下单"、学校"用心做菜"的精准帮扶。发挥新时代平台型高校的资源整合优势，根据需求量身定制培训菜单，精心设计培训内容，在多方赋能教育帮扶体系的构建中做出自己的专业贡献。

（二）拓展了终身教育扶贫扶智实施路径

终身教育是城市发展中人性化尺度的反映，各类人群都会因终身教育体系的发展而受益。徐汇区业余大学积极探索终身教育的对口帮扶培训，发挥上海的平台、资源、技术等优势，定制式培养产业和专业技能人才，拓宽乡村振兴人才的眼界见识和发展理念，为帮扶地区的乡村振兴产业事业发展积蓄人才力量。这项尝试，一方面拓展了终身教育的外延，在服务区域和城市的社区教育、老年教育、职工教育等实践之外，终身教育也能在扶贫扶智上有所作为，在服务乡村振兴、满足人民美好生活需要上有所贡献。另一方面，发挥终身教育资源汇聚优势，主动适应乡村振兴的发展需求，以"组团支教走出去"与"对口帮扶请进来"多种形式相结合，助推人才培养与乡村发展的适应适配，拓展终身教育扶贫扶智的实施路径。

（三）增进了参培人员乡村发展理念信念

培训围绕乡村振兴主题，通过观念互通、思路互动、技术互学、作风互鉴，形成推进萨迦县乡村振兴的协作合力，不仅实现了在经验、资源、技术以及业务上的共享与交流，更促进了沪藏两地在民族、文化、友谊及情感上的联结与深化。不论是农牧民还是乡村振兴专干，对于能够来沪参加培训都表示印象深刻。上海之行带给他们的不仅仅是知识和技能的帮扶，更多的是眼界见识的开阔和观念的冲击。这种实地的交往、交流带来的冲击难以量化，却能如细雨润物，促进这些参培人员对乡村发展理念的理解，增进他们求变、求强、求富的信念，坚定改变落后面貌求发展的意志。

四、项目的创新性与可推广性

（一）终身教育对口帮扶亦有可为

教育对口帮扶，扶贫扶智对于乡村振兴有重要作用已成为共识。徐汇区业余大学积极主动作为，既通过"扶智"掌握一技之长提升发展能力，也通过"扶志"开阔眼界见识转变发展理念，这对终身教育对口帮扶乡村振兴事业，助力乡村可持续发展是一个有意义的尝试，体现了服务大局意识的责任担当。从培训形式到培训内容，再到资源整合、师资队伍等，徐汇区业余大学形成了一套行之有效的运行机制。因培训项目收到的反馈和评价较好，目前，徐汇区业余大学已与西藏职业技术学院签订合作协议，未来会有更多种类的西藏乡村振兴技能人才来到上海学习提升技能，坚定发展信念。此外，因西藏职业技术学院同时还承担着西藏老年大学建设任务，上海先进的老年教育、社区教育发展经验亦会在未来的帮扶合作中助推西藏地区的可持续发展。

（二）以"精准思维"引领帮扶培训

乡村振兴需要精准施策，终身教育对口帮扶同样需要以"精准思维"来引领。徐汇业大在乡村振兴人才培训项目中，把精准作为想问题、办事情的重要思维方法和工作方法，针对不同的群体和区域特点量身定制培训内容、设计培训形式，使得对口帮扶培训取得良好成效。习近平总书记曾在2022年春季学期中央党校（国家行政学院）中青年干部培训班开班式上指出："要强化精准思维，做到谋划时统揽大局、操作中细致精当，以绣花功夫把工作做扎实、做到位。"[①] 终身教育要做好对口帮扶，就要立足于帮扶地区的区域特点和现实需求，立足于本地区本单位的优势所在和实际情况，"致广大而尽精微"[②]，如此，终身教育对口帮扶方能在乡村的繁荣与振兴中增添助力，有所作为。

主要参考文献

［1］陈氢，王沫.常态化帮扶视域下职业教育服务乡村振兴的转向、问题及路径［J］.教育与职业，2021（15）.

［2］董志勇，秦范.实现共同富裕的基本问题和实践路径探究［J］.西北大学学报（哲学社会科学版），2022，52（2）.

［3］张兆安.加强对口帮扶　助推脱贫攻坚［N］.光明日报，2020-04-30（6）.

［4］上海市教育委员会.上海市徐汇区扎实做好教育对口扶贫工作［EB/OL］.中华人民共和国教育部政府门户网站，2020-03-06.

---

① 习近平在中央党校（国家行政学院）中青年干部培训班开班式上发表重要讲话强调 筑牢理想信念根基树立践行正确政绩观 在新时代新征程上留下无悔的奋斗足迹［EB/OL］.人民网，2022-03-01.
② 努力成长为对党和人民忠诚可靠、堪当时代重任的栋梁之才［EB/OL］.人民网，2023-06-30.

19 基于新能源汽车行业发展的绿色人才培养路径探索

朱建柳　卢玉娟　朱列　徐之立

（上海南湖职业技术学院）

案例概况

项目名称	基于新能源汽车行业发展的绿色人才培养路径探索
项目实施机构	上海南湖职业技术学院
所属行政区	虹口区
核心合作／支持单位	上海南湖职业技术学院

项目运作时间	2021年4月	项目结束时间	2023年12月

项目拟解决的关键问题	在职业教育技术技能人才培养过程中，从培养环境、培养理念、培养内容、培养形式和培养手段入手，围绕未来汽车"新四化"发展趋势，建立人工智能和新能源汽车及相关专业、实训室，探索以新能源汽车新兴行业为代表的绿色人才培养路径，追求与之契合的绿色人才的价值理念、思维方式和知识体系培养路径
对应的可持续发展目标／领域（勾选）	☐ 社区健康教育　　　☐ 社区和谐发展 ☐ 社区环境教育　　　☑ 社区职业能力
主要服务对象群体（勾选）	☐ 老年人　　　　　　　　　☑ 儿童与青少年 ☐ 在岗职工　　　　　　　　☐ 外地来沪从业者 ☐ 残障人员　　　　　　　　☐ 女性群体 ☐ 全体居民（无特定指向）　☐ 创业群体 ☐ 其他（请详细注明）
主要经费来源（勾选）	☐ 市级财政教育预算　　☑ 区级财政教育预算 ☑ 本单位自筹　　　　　☐ 社会资助 ☐ 其他渠道（请详细注明）
项目联系人	卢玉娟

一、项目背景

随着能源危机和环境污染问题的日益严峻，世界主要汽车生产国纷纷将发展新能源汽车作为国家战略。党的二十大报告指出，要"推动绿色发展，促进人与自然和谐共生"[①]。为主动应对新一轮科技革命与产业变革，支撑服务创新驱动发展的国家战略，"绿色人才"的培养正在上海南湖职业技术学院悄然拉开帷幕。这里所指的"绿色人才"即在全球化的低碳革命背景下，掌握绿色技能的新型人才，它同时意味着以"节能、低碳、环保、绿色"的理念实现人才的培养和教育。[②]

上海南湖职业技术学院（以下简称"南湖职院"或"学院"）智能新能源汽车技术专业群绿色人才培养既是区域发展的追求，又是行业推进的要求，还是学校人才培养的需求。

（一）区域发展的追求

加快发展方式绿色转型是党的二十大报告和《中华人民共和国国民经济和社会发展第十四个五年规划和2035年远景目标纲要》的明确要求。2020年11月，国务院办公厅正式发布了《新能源汽车产业发展规划（2021—2035年）》作为未来十五年新能源汽车产业发展风向标，希望以新能源汽车为突破口推动汽车产业的转型与升级。[③]2023年11月27日起，上海市人大常委会对《上海市发展方式绿色转型促进条例（草案）》公开征求意见，拟制定发展方式绿色转型的综合性地方立法。在以"新旧融合智慧韧性未来城市"为主题的2023上海国际城市与建筑博览会虹口区论坛上，虹口区表达了以上海市低碳发展实践区创建为抓手，聚焦绿色低碳建设与智慧发展并举，围绕"零碳化、人本化、数字化"绿色发展融合需求，积极推进绿色低碳产业、智慧能源等专题研究，着力打造"世界级碳中和水岸典范"的决心。[④]建设上海北外滩、打造都市新标杆，当前，虹口区正着力建设北外滩低碳发展实践区，打造绿色城区新标杆，推动产业国际化、数字化、绿色化和特色化发展，推动创新链与产业链、资金链、人才链深度融合。[⑤]绿色人才是绿色

① 习近平. 高举中国特色社会主义伟大旗帜 为全面建设社会主义现代化国家而团结奋斗：在中国共产党第二十次全国代表大会上的报告［EB/OL］. 中国政府网，2022-10-25.
② 胡勇强. 高职院校绿色校园与绿色人才培养有效融合路径探究［J］. 机械职业教育，2018（5）：9-12.
③ 国务院办公厅关于印发新能源汽车产业发展规划（2021—2035年）的通知［EB/OL］. 中国政府网，2020-10-20.
④ "绿色、低碳、智慧"2023上海城博会虹口区论坛举行［EB/OL］. 上海市人民政府，2023-11-02.
⑤ 全力建设上海北外滩，打造新时代都市发展新标杆［EB/OL］. 上海市虹口区人民政府，2023-09-15.

发展的内在支撑，学院智能新能源汽车技术专业群人才培养路径即是对虹口区全力打造"绿色低碳、智慧宜居"新标杆工作目标的有力呼应，是对"上海智造"的有力支撑。

（二）行业推进的要求

2019年1月，《汽车产业投资管理规定》正式实施，鼓励汽车产业的主战场逐渐聚焦到新能源汽车领域。2023年7月，2023中国汽车论坛的主题为"助力汽车产业可持续发展，加速构建ESG生态体系"，论坛发布的《2022—2023中国汽车行业可持续发展报告》强调汽车行业在绿色转型及和谐建设等方面的履责实践。[①] 汽车产业的"新四化"，即"电动化、网联化、智能化、共享化"已成为一种趋势。在此背景下，与汽车后市场相关的汽车维修、营销、维修接待、技术支持等岗位要求都发生了翻天覆地的变化，对汽车应用服务人才的能力素质以及培养也提出了新的要求。

（三）学校人才培养的需求

智能新能源汽车是汽车产业转型升级的战略方向和未来社会生态建设的必然选择，正引发对行业人才的新一轮角逐。中国电子信息产业发展研究院、智联招聘联合发布的《2023年汽车产业人才发展报告》显示，2023年1月至7月，汽车产业招聘职位数同比增长6%，其中新能源汽车业务领域招聘职位数同比增长18%。[②] 新能源汽车行业的人才面临巨大缺口，"机会太多，人才太少"，而传统的车企工作人员知识结构更新慢，与智能网联汽车产业需求无法匹配。正是在此背景下，作为全市首家成立的新型五年一贯制高职院校，学院在成立之初即在原上海南湖职业学校汽车运用与维修教研组基础上新成立了智能汽车服务系，开设了新能源汽车检测与维修技术、汽车智能技术、智能网联汽车技术三个专业。依托这三个专业，系部主要实施面向高中阶段毕业生的三年制学历教育和面向初中阶段毕业生的五年一贯制学历教育，致力探索以培养学生实践能力和创新精神为主的绿色育人路径，培养真正契合新能源汽车产业发展的绿色人才。学院还牵头组建了上海市高职高水平专业群——智能新能源汽车技术专业群，为学院主动面向行业、

---

① 中汽协会行业发展部.《2022—2023中国汽车行业可持续发展报告》正式发布［EB/OL］.中国汽车工业协会，2023-07-14.

② 新能源汽车人才供大于求：合资品牌竞争激烈受年轻人青睐，造车新势力吸引资深从业者［EB/OL］.界面新闻，2023-09-05.

产业和区域需要，深化人才培养供给侧结构性改革，探索一种基于可持续发展理念的绿色人才培养路径提供了必要条件。

二、具体做法

探索以新能源汽车新兴行业为代表的绿色人才培养路径，建立与之契合的绿色人才的价值理念、思维方式和知识体系，不仅有利于行业的长足发展，还有利于进一步推动高职人才培养路径的范式转型。为此，学院基于汽车技术链，从培养环境、培养理念、培养内容、培养形式和培养手段五方面入手，围绕未来汽车"新四化"发展趋势，建立了新能源相关专业及实训基地，进行绿色技能和绿色人才培养，初步形成了以新能源汽车检测与维修技术专业为龙头专业，带动汽车智能技术、智能网联汽车技术专业协同发展的做法。

（一）培养环境

学院将可持续发展的意识和行动贯穿于整个学校的建设和管理全过程，积极引导广大教职工爱护环境、节约资源。将节能环保意识和绿色技能潜移默化地渗透到学生的成长中，使其能够在长知识、受教育的同时，积极参与到环境保护活动中，树立爱护家园、保护生态的意识。

一方面，学院统一规划、倡导绿色。基于对绿色校园、绿色技能和绿色人才培养等绿色文化的深层理解和认识，建校之初，学院便将绿色文化与校园建设结合起来，协调建设绿色校园的整体规划，绿色构造、绿色施工、绿色装修、绿色运行。目前，学院占地115亩，设施一流、环境优美，绿化面积占40%，校内有乔、灌、草百余种植物，景色丰富，四季如画；小径、水池掩映在层层绿意之中，环境优美，是一座为数不多的位于上海中心城区的花园式高职院校。另一方面，学院在软装修、校园文化中也处处体现绿色理念。教室、走廊、实训基地统一规划设计，在凸显处张贴绿色环保宣传材料，在实训基地休憩处循环播放反映汽车行业发展和绿色环保主题的宣传片。在授课和实训过程中，结合主题向学生时时、处处渗透可持续发展、绿色发展和环保理念。

（二）培养理念

作为上海首家新型高职院校，学院在《上海南湖职业技术学院"十四五"发展规划（2021—2025）》中明确提出，"以中国特色高水平高等职业学校和专业建设计划为目标，积极探索创建'多元投入'、谋求'多元合作'、实现'多元服务'的新型区属公办高职院校……探索区域新型公办高职院校的办学路径和育人模式，为上海数字化转型升级和虹口区北外滩开发开放提供高素质的技术技能人才支撑"。计划通过五年建设，将学院建成"培养城市数字化转型需要的高素质技术技能人才的摇篮、与上海龙头企业共建产教协同创新中心，成为市民终身学习、职后技能提升培训基地"，让每个学生都能实现梦想，拥有人生出彩的机会。

具体到智能新能源汽车技术专业群人才的培养理念上，学院坚持从更多元的角度挖掘学生潜能，充分发挥学生的优势智能。通过前期调研和产教融合，深入了解市场对绿色人才职业能力的需求，学院坚持在霍华德·加德纳（Howard Gardner）的多元智能理论基础上对课程体系进行重构，及时调整教学模式，优化教学内容，丰富教学手段，建立多元化教学成果评价机制。在定义学生智力时摈弃传统的以语言能力和抽象逻辑思维能力为核心和衡量水平高低的标准的做法，而代之以能否解决现实生活中的实际问题或生产及创造出社会需要的产品的能力为核心和衡量水平高低的标准，并在保障机制上进行优化和完善。

（三）培养内容

为探索以培养学生实践能力和创新精神为主的绿色育人路径，学院改进了传统的教学方法和教学理念，注重学生的全面发展、个性化成长和全人格塑造，坚持"铸魂·固本·赋能"育人理念，构建"学院—专业—课程"课程思政育人体系，引导学生形成"红色基因＋综合素质＋专业技能"三维素质结构，塑造"红色匠人"育人品牌，培养具备工匠精神，精操作、懂工艺、会管理、善协作、能创新的卓越技能人才。以五年一贯制新能源汽车检测与维修技术专业为例，其人才培养目标为：培养思想政治坚定、德技并修、德智体美劳全面发展，适应汽车行业最新发展需要，具有较高的思想政治素质，掌握新能源汽车检测与维修技术专业等知识和技术技能，面向新能源汽车修理与维护、新能源汽车整车及零部件制造、新能源汽车技术服务等领域，能够从事新能源汽车检测与维修、装配制造、营销及售后服务工作的发展型、复合型高素质技术技能人才。

图1 （图2、图3、图4）学生红色教育图

图5 市教卫工作党委书记沈炜、虹口区委书记李谦为上海新型高职联合马院揭牌

图6 虹口区副区长陈筱洁，同济大学常务副校长吕培明，虹口区教育工作党委副书记、区教育局局长孙磊，上汽集团培训中心主任蒋建华，学院党委书记芦秀兰共同为全国智能新能源汽车行业产教融合共同体揭牌

以深化产教融合为重点，学院创新"1+1+N"模式，即"1个专业群+1个产教融合平台+N家企业"模式，汇聚行业优势资源，发挥与本市龙头企业的深度合作优势。学院与上汽集团、同济大学牵头共同组建智能新能源汽车行业产教融合共同体，建设对接产业链的汽车类专业群，联合制定《新型学徒制人才培养日常教学管理办法》，共同构建产教融合的课程体系与教学路径。校企共建双导师教学团队，完善管理机制，推进校院紧密合作，实施协同育人。企业配备产业导师，组建"学校教师+产业导师"的双导师团队开展教育教学工作，结合实际生产安排学徒岗位、分配工作任务，打造校内外实验、实习、实训基地，建设"创新型"教学团队，强化技术技能的传承与培养。

此外，学院智能汽车服务系部还成立了智能新能源汽车技术专业教学指导委员会，引领专业群的建设。建立"平台+模块"专业群课程体系，共享平台、课程、师资和实践场景。

（四）培养形式

学院实施"岗课赛证"综合育人模式改革，即集工作岗位、课程体系、职业技能大赛和职业技能等级证书于一体的综合性教育模式，旨在培养具有实际操作技能和高适应性的复合型人才。通过开展新能源汽车"1+X"职业技能等级认定、职业技能培训、评价等新路径，学院积极搭建产教研合作平台。例如，学院与行业龙头企业上汽集团开展新能源汽车检测与维修专业现代学徒制订单班，与宁德时代合作成立宁德班，构建 SGAVE 项目人才培养体系成立 SGAVE 项目班，形成企业与学校联合开展合作办学的长效机制，探索新业态下智能新能源汽车人才培养的新路径。以 SGAVE 项目为例，SGAVE 项目是以三年（高职）/四年（本科）为一周期，旨在优化职业教育人才培养体系，以学生职业发展为定位，以职业能力建设为核心，借鉴德国等欧洲国家行业龙头企业开展"双元制"人才培养的技术和经验储备，按照"双元制"模式由中德专家联合开发和实施适应我国国情的技术技能型人才培养方案。SGAVE 课程的鲜明特点是打破了传统的以系统的知识传授为目的的教学方式，而是基于实际工作场景为主线展开教学，它有三个显著的特点：以用户为中心、以实践为导向、以能力为本位。

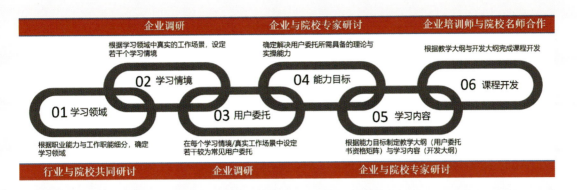

图7 SGAVE 项目课程建设流程图

（五）培养手段

　　除专用的教学楼，学院还拥有一个建筑面积达7500平方米，设备总投资逾3000万元汽车运用与维修开放实训中心，是上海市开放实训中心（三星级），可提供500多个实训工位，是集现代汽车服务技术技能人才培养、汽车维修职业技能培训鉴定、汽车科普知识推广及与职业体验、产学研一体化的综合性开放实训中心。中心既能面向社会公众，以青少年为主体，开展职业技能学习、劳动技术推广、劳技科学竞赛、专业知识科普等（一楼）活动，又是上汽通用 ASEP 项目实训工间、汽车综合实训工间、整车检测实训工间、新能源与智能汽车实训工间（二楼到五楼），学生的动手操作能力能在这里得到有效的训练保障。

图8 （图9、图10、图11）汽车实训中心内局部图

学院还积极利用5G+XR智能新能源汽车虚拟仿真实训系统软件以及网络技术进行绿色教学。虚拟仿真实验教学是依托虚拟现实、多媒体、人机交互、数据库和网络通信等技术，构建高度仿真的虚拟实验环境和实验对象，学生在虚拟环境中开展实验，达到教学大纲所要求的教学目的。[①] 在涉及高投入、高难度、高风险，难实施、难观摩、难再现的"三高三难"问题或综合训练时，5G+XR智能新能源汽车虚拟仿真实训系统能提供可靠、安全和经济的实验项目。

图12　智能新能源汽车虚　　　图13　虚拟仿真实训图　　　图14　仿真实验室图
　　　　拟仿真授课图

三、项目成效

联合国教科文组织在《2030年可持续发展议程》中提出了人类未来17项可持续发展目标，其中有8项与绿色工程联系密切。学院的智能新能源汽车专业绿色人才培养方式在积极呼应这些目标的同时，也取得了一定的成效。

（一）探索了具有可持续发展思维的绿色人才培养方式

绿色人才的培养不仅注重专业教育，而且重视通识教育，使掌握着先进技术的职业技能人才在具有人文素养、健全知识体系的同时，完善情感认知体系和道德品质，培养想象力、鉴赏力和创造力。绿色人才理念指导下的人才培养必然要求以系统思维、伦理思维和人文素养为坐标轴，通过体系化的培养方案、课程设计和教学实践路径重构，培养与生态、经济及社会多个层面相适应的、可持续发展的复合型绿色人才。[②]

在此理念基础上，上海南湖职院智能汽车服务系各专业形成了以职业岗位能力

① 宋传祥.浅析老年服务与管理专业教学过程中信息化教学方法的运用［J］.农家参谋，2017（24）：191.
② 马近远，朱俊华，蹇林旎，等.基于可持续发展思维的工程技术人才培养模式研究：以面向电动汽车新兴行业的人才培养为例［J］.教育科学探索，2022，40（6）：65-73.

需求为主导的人才培养框架。以上汽集团等汽车企业较为完善的管理制度和成熟的技术为依托，结合人工智能制造企业，进一步加强校企合作，加强专业课程建设，逐步形成以行业推动专业、以专业带动产业、以企业服务教学的合作机制；建立以典型工作任务为载体的课程体系，实施基于岗位工作过程的项目任务教学。在教学实践过程中，首先，通过项目化教学满足智能汽车服务各专业的教学需求，让学生尽快掌握理论知识，提高实践运用能力，深入了解人工智能带来的变革，促进学生本身专业素质与应用能力不断提高。在实训课环节，运用项目化教学使人工智能技术领先科技植入专业教学。针对岗位职业标准，通过分析职业能力，确定学习领域，融入课程思政要求，培养学生对应岗位所需要的职业能力与职业素养。以智能网联汽车技术专业方向为例，其人才实践培养路径框架图如下。

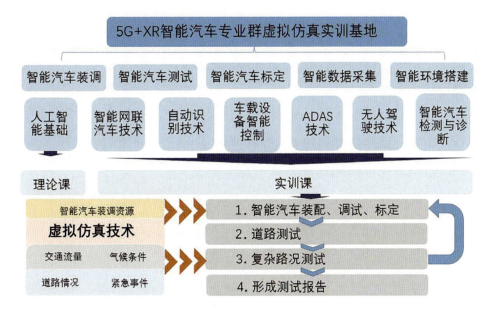

图15　智能网联汽车技术专业人才实践培养路径框架图

（二）建成了教学与培训相结合的虚拟仿真科研中心平台

基于职业岗位能力要求，构建云端实训环境。基地通过人才体系建设、虚拟仿真实验中心建设、云平台建设，实现集展示、体验、教学、实训、研发、共享的一体化，利用虚拟现实场景交互性、多感知性和可操作性等优势提供沉浸式的教学场景。通过虚拟仿真技术，实现车路状况、环境状况的反复模拟，提高学生应对各种复杂情况的应变和交流能力，提高教师研发创新能力，逐步攻破专业提升难点，通过专业的特色的建设，打造智能网联汽车技术教学的国家级示范性基地。

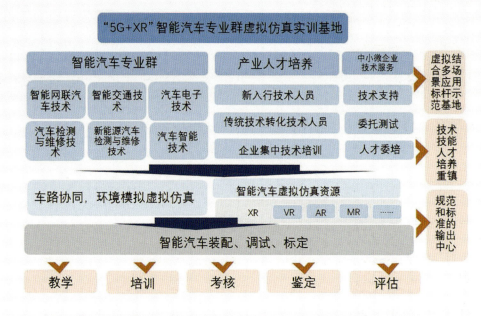

图16 "5G+XR"智能汽车专业群虚拟仿真实训基地建设框架图

　　虚拟仿真实训基地在网络环境搭建和硬件设备配套完成后，更多的是课程资源的开发，往往开发的成本高、周期长。学院将智能汽车专业大类的虚拟仿真课程资源开发与实训课程内容对接，由企业技术骨干、专业教师和学生三方组成项目组，进行虚拟仿真应用真实案例的开发。实现学院特色的技术链和人才链双向融合，打造了学院培养人才、人才赋能学院的良性人培环境。

　　以智能网联汽车技术专业方向为例，基于车路协同的虚拟仿真软件使用，学生通过基于场景的智能汽车虚拟仿真技术，测试包括车辆基础信息、交通环境信息两大类，其中交通环境信息包括天气和光照、静态道路信息、动态道路信息、交通参与者信息四方面。通过覆盖校园的5G网络，将达到车路协同的最佳效果，并将数据实时传入实训室、实验室，供学生进行数据分析使用，实现虚拟软件与真车互联等。

图17   校园车路协同功能示范实训中心示意图

通过打造虚拟仿真实训平台，利用5G网络技术，实时动态记录学生的学习情况，通过大数据分析，形成每个学生的数字画像，为学生的个性化学习辅导提供依据，实现以学生为中心的教学路径，使教与学两者更紧密结合，形成人机共生的学习环境。

（三）逐步形成"头雁+群雁"效应

2023年度学院已接待人社部、教育部等领导专题调研和市区各级领导、外省市各级领导来访、调研320人次，完成兄弟院校考察参观及工作交流1450多人次。

图18   人社部部长王晓萍来校调研   图19   教育部原职成教司司长陈子季来校调研

成立不到三年的时间，学院建设成绩显著。目前，学院已被教育部立项为全国职业院校数字校园建设单位、中德职业教育全国和长三角汽车职教产教融合创新联盟理事长单位，全国首个"智能新能源汽车""岗课赛证"融通示范基地，教育部中德合作SGAVE项目新能源汽车检测与维修专业试点单位，上海市示范性虚拟仿真基地，全国示范性虚拟仿真实训基地培育单位，上海市全民数字素养与技能培训基地，课堂教育项目"数字化产教融合虚拟仿真基地"获批上海市元宇宙重大应用场景首批建设成果。学院还是第47届世界技能大赛汽车技术项目上海牵头集训基地，以建设国际标准的集训基地、培养世界技能水平的国家选手为追求，政行企校（政府、行业、企业和高校）四位一体共同探索职业技能培训评价新路径。

图20 （图21）第二届全国技能大赛师生比赛图　图22　袁国旭获第47届世赛汽车技术项目集中考核测试赛第二名

学院作为发起单位，联合上海新型高职院校和职业教育研究机构，组建成立上海新型高职（五年一贯制）教育发展联盟，学院担任联盟第一届轮值理事长单位与秘书长单位，逐步形成"头雁＋群雁"效应。学院已成为全国五年一贯制高职教育发展联盟副理事长单位，获得社会各界广泛关注。

图23　上海新型高职（五年一贯制）教育发　图24　首批上海虹口区产教联合体校企代
　　　　展联盟成立　　　　　　　　　　　　　　　　表签约

（四）促进了绿色理念的社会化和国际化

学院是第一批开放职业体验项目的高职院校之一，相继推出了"月球漫步——VR项目制作""探秘汽车世界"等系列项目，在探秘汽车世界项目中，学生在虚实结合的教学环境下，只需要配备一辆整车、几副增强现实眼镜，就可以参加新能源汽车的高压防护、构造拆装与检修、驱动电机等模块的训练和考核。2022年春，学院还推出了针对全民的"家用汽车的保养与维护"市民公益课堂、"汽车的使用与美容美妆"市民艺术夜校课程，坚持从用户的角度出发，秉持绿色理念，对汽车发动机、底盘、电气设备、车身以及在特殊与应急情况下的使用和维护要点进行讲解，理论和实训室实操结合，为本市居民提供实用的汽车使用与维护技巧。

图25 "家用汽车的保养与维护" 　　图26 "汽车的使用与美容美妆"
　　　　市民公益课堂 　　　　　　　　　　市民艺术夜校课程

学院还积极投身东西部协作绿色人才培育，成立到现在，智能新能源汽车系先后派出蒋勇和汪琦两位专家型教师深入新疆喀什地区泽普县技工学校和云南省马关县民族职业高级中学开展柔性技能帮扶工作，带领对口学校完善课程资源建设，提升教学科研水平，改善设备实训环境，宣传绿色、可持续发展理念。学院还投资建设了智能新能源汽车教学资源库课程，线上课程对口援建新疆喀什和青海果洛等地区16所职业院校专业建设。学院以教育部SGAVE项目、上海通用ASEP项目为平台，新建与职业教育发展国家或地区同类高校合作交流项目，持续推动学院与京都情报大学院大学、英国中央兰开夏大学和英国金斯顿大学、德国社会福利职业教育集团、芬兰职业教育集团国际交流项目落地，持续探索"中文＋职业技能"发展路径，与"一带一路"沿线国家教育机构开展绿色人才培育项目合作。

图27　智能汽车服务系蒋勇老师到新疆喀什地区泽普县技工学校支教图

四、项目的创新性与可推广性

着眼于学生的可持续发展思维，强调校企合作、联合培养，使用虚拟仿真技术，注重社会效益，这些都是学院在绿色人才培养方面的经验和可借鉴之处。

（一）着眼可持续发展思维

上海南湖职业技术学院智能新能源汽车专业在人才培养时持续关注可持续发展，将绿色内容和绿色形式相结合，强调以人为本和绿色发展，着眼学生的终身发展和全面发展，强调培养学生的社会责任感，人类命运共同体的伦理价值，强调经济、社会、资源、环境等因素的整体性、持续性、关联性、复杂性的系统思维，努力建立学生跨学科的知识背景和思维方式。

学生的可持续发展思维培养离不开教师的持续提升，为此，学院采取了"内培外引"的方式，从两方面着手培养高质量师资队伍。一方面，与上汽集团等企业合作，签订产教融合战略框架协议，建立产教融合人才培养基地；引进行业企业专家建设上海高职高专院校市级教师教学创新团队；引入先进的技术和资源，通过学校各级师资培训平台，促进教师自身能力的提升。另一方面，组织教师去企业实践。学院先后与永达集团、上汽集团等企业进行合作，带领教师深入企业一线，了解前沿技术、拓展专业知识、更新理念、开阔眼界。

通过师德师风建设，开展全员培训，搭建教师成长平台，支持教师职业能力与学历提升，加强辅导员队伍建设等方式，持续打造了一支高水平、结构化的师资团队，为学校绿色人才的培养注入了不竭的动力。

（二）使用虚拟仿真技术

围绕未来汽车电动化、智能化、网联化、共享化的发展趋势，南湖职院依托5G数据传输，配合XR技术（SR虚拟仿真、VR虚拟现实、AR增强现实、MR混合现实等多种技术的合称），以虚拟课件、实训视频、虚实交互实训三个教学内容模块为基础，搭建了符合产业人才培养需求的"5G+XR"智能新能源汽车虚拟仿真示范实训基地。学生在实践过程中只需佩戴虚拟现实眼镜"沉浸式体验"，即可立即实现新能源车工作原理和内部结构的可视化。与此同时，教师也会进入同一场景，帮助学生了解相关部件，排除故障隐患，体验深度还原的岗位情景。通过直观的讲解，学生即可上手操作并反复练习，直至实现熟练操作。

依托数字孪生技术建设的专业数字孪生实训环境，学院一方面让学生能够置身于"真实"的生产场景中进行学习、认知和体验，另一方面破解了学生在实训过程中"三高三难"的痛点和难点问题，有效回应了"绿色"主题，也为其他院校和行业提供了技术和借鉴。

（三）强调校企合作联合培养

2022年12月，学院获批成为上海市首批新型技师学院，2023年组建成立上海市南湖新型技师学院。按照上海新型技师学院申报方案中的新能源汽车检车与维修技术项目建设目标与思路，推动项目高技能人才培养项目开发、课程资源开发、职业标准开发、建设职业技能考证示范基地。对接高技能人才需求，构建产学研合作培养模式。学院交通职业技术培训中心与上海汽车集团股份有限公司培训中心合作培训及鉴定汽车维修初级、中级与高级技师。学院还根据企业实际需求，定制开发如企业新型学徒制、企业产业导师认证培训等项目，密切校企合作。

2023年10月，学院与上汽集团、同济大学牵头组建的全国首家智能新能源汽车行业产教融合共同体也必将助力智能新能源汽车专业群深化产教融合，助力汇聚智能新能源汽车行业优质产教资源，促进行业产教布局高度匹配，服务企业技术革新、工艺改进、产品升级，也必将为行业高质量发展培养更多高素质技术技能绿色人才。

（四）注重社会效益

学校不是一个绿色校园的孤岛，学院倡导的绿色教育理念不仅仅体现在校园内的环境建设、理念倡导、专业开设和课堂内的环境教育上，更持续倡导将低碳、环保的理念渗透到全校教职工的管理和教育中。2023年9月，学院成立了继续教育学院，下设非全日制学历教学部、上海交通职业技术培训中心和上海航运人才培训中心，坚持通过职后学历提升、职后技能培训、终身学习服务等渠道对接高技能人才需求，服务上海、虹口绿色发展战略，更倡导将绿色文化辐射周边区域，影响边远地区，让绿色理念对社会的科学发展、和谐建设起到积极的促进作用。

结语

2023年12月8日在阿联酋迪拜举行的绿色教育部长级圆桌会议上，我国教育部部长怀进鹏在发言中指出：中国坚持……让生态文明和绿色发展成为人的全面发展的重要内容。坚持把应对气候变化融入教育教学全过程，实施绿色学校创建行动，从办学理念、育人目标、课程教学、校园建设等方面系统推进学校绿色转型，在校园内推广实施节水节电、垃圾分类等实际行动，培养学生积极应对气候变化、与地球和谐相处的价值观、责任感和行动能力。坚持把应对气候变化融入人才培养，支持高校开展相关领域科技研究和成果转化，鼓励高等学校和职业学校培养适应传统产业升级、绿色产业发展的技术技能人才，为推动碳达峰碳中和提供人才和创新支撑。

作为培养技术技能人才的高职院校，学院将努力守住创建"绿色学校"的现有成果，积极在"绿色科技"上做大文章、下狠功夫，努力让全体师生成为有科技含量的"绿色人才"，为国家的"绿色发展"添砖加瓦。

主要参考文献

［1］习近平.高举中国特色社会主义伟大旗帜 为全面建设社会主义现代化国家而团结奋斗：在中国共产党第二十次全国代表大会上的报告［EB/OL］.中国政府网，2022-10-25.

［2］胡勇强.高职院校绿色校园与绿色人才培养有效融合路径探究［J］.机械职业教育，2018（5）.

［3］国务院办公厅关于印发新能源汽车产业发展规划（2021—2035年）的通知［EB/OL］.中国政府网，2020-10-20.

［4］"绿色、低碳、智慧"2023上海城博会虹口区论坛举行［EB/OL］.上海市虹口区人民政府，2023-11-02.

［5］全力建设上海北外滩，打造新时代都市发展新标杆［EB/OL］.上海市虹口区人民政府，2023-09-15.

［6］中汽协会行业发展部.《2022-2023中国汽车行业可持续发展报告》正式发布［EB/OL］.中国汽车工业协会，2023-07-14.

［7］新能源汽车人才供大于求：合资品牌竞争激烈受年轻人青睐，造车新势力吸引资深从业者［EB/OL］.界面新闻，2023-09-05.

［8］宋传祥.浅析老年服务与管理专业教学过程中信息化教学方法的运用［J］.农家参谋，2017（24）.

［9］马近远，朱俊华，塞林旎，等.基于可持续发展思维的工程技术人才培养模式研究：以面向电动汽车新兴行业的人才培养为例［J］.教育科学探索，2022，40（6）.

［10］汪洋，张野南.多元智能理论视角下汽车产业高技能人才职业能力路径探索与建设［J］.时代汽车，2023（5）.

［11］吕靖，谢珊.湖南省高职院校创建"绿色学校"现状：基于对 H 学校480名师生的问卷调查［J］.环境教育，2023（Z1）.

［12］怀进鹏视频出席绿色教育部长级圆桌会议［EB/OL］.中华人民共和国教育部政府门户网站，2023-12-08.

附录1　上海可持续发展教育社区行动计划（2022—2023）

一、基本背景

（一）国家背景

《中华人民共和国国民经济和社会发展第十四个五年规划和 2035 年远景目标纲要》明确指出，"我国已转向高质量发展阶段"，要解决仍旧存在的发展不平衡不充分问题，原则之一就是要"坚持新发展理念。把新发展理念完整、准确、全面贯穿发展全过程和各领域，构建新发展格局，切实转变发展方式，推动质量变革、效率变革、动力变革，实现更高质量、更有效率、更加公平、更可持续、更为安全的发展"。由此可见，可持续发展是我国新发展理念的重要构成。

以促进和实现可持续发展为目的的可持续发展教育（Education for Sustainable Development，ESD），是联合国教科文组织持续推动多年的重要国际教育项目，也是终身学习体系与学习型社会建设的有力支撑。"十四五"规划在对外开放领域明确提出，要"积极参与全球治理体系改革和建设……积极落实联合国 2030 年可持续发展议程"。教育领域要实现高质量发展，"完善终身学习体系，建设学习型社会"是重要举措之一。可持续发展教育既是推动可持续发展的重要举措，也是终身学习和学习型社会建设的重要内容，于我国具有双重现实意义。

（二）城市背景

2019年7月，上海加入联合国教科文组织全球学习型城市网络（Global Network of Learning Cities，GNLC）。10月，在哥伦比亚麦德林市举办的联合国教科文组织第四届国际学习型城市大会上，上海成为全球学习型城市网络七大专题之一"可持续发展教育"专题组的全球协调城市。两年多以来，在市委、市政府的领导下，市教委精心统筹，全程履行好协调城市的工作职责，并根据市情务实推进本市可持续发展教育工作，积极发挥协调城市在国际专题组内的带动作用。

在市教委支持下组建的上海可持续发展教育项目组，通过制定《上海可持续发展教育社区行动计划（2020—2021）》（中英文版，以下简称为《行动计划（2020—2021）》）、开发本土可持续发展教育实践案例、持续参与专题组国际会议、支持项目团队能力建设、参选城市可持续发展教育实施案例等方式，在社区层面全力推广可持续发展教育理念，更新既有相关教育实践，培育新的可持续发展教育项目，支持基层社区可持续发展教育经验在国际平台上交流。该项目也成为上海申报联合国教科文组织 2021 年全球学习型城市奖的重要支撑材料，并成功助力上海获此殊荣。

上海"十四五"规划提出的经济社会全面绿色转型和创新发展，以及《上海市终身教育发展"十四五"规划》提出的终身教育提升服务能级助推城市可持续发展等新任务，都为可持续发展教育在上海的进一步推广提供了广阔的实践空间。

（三）国际背景

2020—2021年间，联合国教科文组织第三轮全球可持续发展教育实施框架即《可持续发展教育2030》（ESD for 2030）、《柏林可持续发展教育宣言》（Berlin Declaration on ESD）相继发布，再度向全球积极倡议和清楚表明，人类要继续走好可持续发展道路，就必须在经济、社会、文化等方面进行结构性的根本变革。教育是促使人们心态和世界观发生积极转变的有力手段，教育可以协助整合可持续发展的各个方面。因此，可持续发展教育是进行必要变革的基础。为此，需要"确保可持续发展教育成为各级教育系统的基本要素 ……将可持续发展教育纳入从幼儿教育到高等教育和成人教育的各级教育和培训，包括职业技术教育与培训，并纳入非正规教育和非正式学习，以便为所有人提供终身和全方位的可持续发展学习机会"。

二、主要目标

基于《行动计划（2020—2021）》的既有工作基础，新一轮计划即《上海可持续发展教育社区行动计划（2022—2023）》（以下简称《行动计划（2022—2023）》）将继续锚定如下具体目标。

（一）支持个体获得促进可持续发展的必备能力

通过在社区层面实施有关可持续发展主题的各类教育与学习活动，提高全体市民的可持续发展素养，尤其要增强市民为可持续发展做出个人贡献所需要的行动能力。

（二）增强社区教育服务城市可持续发展的能级

聚焦上海城市各领域发展中的重大任务与重点问题，依托社区教育系统的力量，增强教育在推动和落实上海城市各领域可持续发展目标中的作用，提高社区教育助力城市经济社会可持续发展的成效。

（三）积极参与全球可持续发展教育的交流与合作

在《行动计划（2022—2023）》的指引下，丰富可持续发展教育的内容供给，优化可持续发展教育的实施方式，提高可持续发展教育项目开发能力，争取在更高水平上参与全球可持续发展教育的交流与合作。在联合国教科文组织及其终身学习研究所的支持下，持续开展可持续发展教育研究，推广可持续发展教育理念，促进可持续发展教育知识的创造和传播。

三、实施要点

《行动计划（2022—2023）》继续聚焦"社区促进可持续发展教育"（Education for Sustainable Development through Community Initiatives）主题，面向全体市民开展相关活动。根据第一轮行动计划的实践进展基础，国家和上海市"十四五"规划中的相关内容，以及联合国教科文组织《可持续发展教育2030》的建议，特此建议设置如下实施要点。

（一）内容：深化"四大"优先领域

社区健康、社区环境、社区和谐、职业能力是上海社区可持续发展教育第一轮行动计划的四大优先行动领域。"十四五"期间，上海在这些方面仍有许多重要工作和项目需要推进，如深入实施健康行动、启动第八轮环保三年行动计划、提升优质公共服务供给能力、开展职业技能提升行动等，因此新阶段的行动计划将继续聚焦"四大"行动领域并予以深化、拓展。健康领域加强个人健康与社会健康之间的联系，倡导从健康社会化视角拓展健康终身学习的内涵。环保领域建议强化对韧性城市、海绵城市、"双碳"工作、气候变化、生物多样性等内容的项目开发和行动推进。基于社区教育作为基本公共服务的理念，社区和谐领域进一步突显教育的包容性，加强对各类群体的终身学习支持，打造超大城市所必不可少的社区韧性基础。职业能力领域，以社区教育系统的专长优势为基础，提升机构的专长服务能力，在区域范围内承担更多的职业能力发展支持活动。

（二）方式：强化行动与实践导向

可持续发展教育包含认知、情感和行动能力等不同要素。上海社区可持续发展教育倡导、坚持可持续发展教育的整体观，在注重认知、情感和行动能力相互联系的前提下，倡导社区可持续发展教育项目对行动、实践、参与等要素的嵌入和落实，使可持续发展教育源于生活又用于生活，最终帮助全体市民在行动力上带来可见改变，为城市和社区的可持续发展实践做出实质性贡献。可持续发展教育的整体观，也提示我们可以依据环境、社会、经济、文化不同领域的问题性质和项目内容，因地制宜，实施符合本区域条件和发展需求的可持续发展教育活动。

（三）主体：激发青年群体的活力

可持续发展教育既是终身教育也是全民教育。在第一轮行动计划基础上，根据联合国教科文组织的倡议和上海已有的社区可持续发展教育参与群体基础，继续巩固、发展社区教育工作者和研究者队伍的核心力量，充分积累能力建设经验，广泛联结各类学校、企事业单位、社会组织中的青年群体（含外来务工青年）的加入。通过引导他们关注身边的可持续发展问题、组织基于经验的分享与讨论、听取与整合他们的建议、支持参与相关社会活动等，尽可能地发挥青年群体的创造力和影响力。同时进一步联动老年和少年儿童群体，丰富和创新城市和社区的可持续发展教育经验。

（四）工具：充分运用信息技术

数字化时代的可持续发展教育需要各种信息技术的大力支持。一方面，社会变化促使信息新技术不断出现，要确保新技术为所有人公平获取和安全使用，这本身就是信息化时代对可持续发展教育提出的新要求。另一方面，要以批判性思维和可持续原则为基础，对技术介入可持续发展教育进行适当评估与预判，科学、合理地使用技术，防止技术使用带来新的不可持续发展问题。随着上海终身教育数字化转型的深入推进，本阶段将充分关注各类数字技术对可持续发展教育社区行动计划品质的提升作用，促成更多的教育和社会机构开展可持续发展教育，帮助他们建立与全球学习型城市网络及其成员城市的直接对话与合作关系。

（五）平台：搭建国内外 ESD 网络节点

可持续发展教育是一个在国际网络平台运作的重要教育主题。联合国教科文组织通过其之前设置的曼谷办事处，已在亚太地区推进该主题的相关工作。目前国内已有10个城市先后加入联合国教科文组织全球学习型城市网络，无论各城市参与哪一个国际专题组，坚持可持续发展都是国内各城市经济社会发展要面临的共同任务。上海作为国内终身教育和学习型社会建设的探路者和教育对外服务窗口，可借助可持续发展教育项目继续在新形势下承担新角色，发挥新功能，争取成为可持续发展教育领域国内外交流的重要节点城市。

四、保障措施

（一）组织保障

在第一轮行动计划领导小组的基础上，根据项目内容特点联系更多的利益相关个人和组织，拓展工作组网络。领导小组由市相关部门组成，工作组继续由上海终身教育研究院承担并负责具体推进。

（二）能力保障

上海终身教育研究院和上海可持续发展教育工作组继续通过各种学习和研究方式，提高团队成员的可持续发展教育的项目设计能力、实践推动能力、对外交流与合作能力和理论研究能力等。

（三）经费保障

市级层面对于工作组日常工作开展给予经费保障。各区教育局、社区学院等相关单位支持本区域可持续发展教育项目，给予一定的经费支持。

（四）制度保障

将可持续发展教育项目列入社区教育日常工作制度，围绕主题改进和完善既有相关社区教育项目，发现和培育新的可持续发展教育项目，生成、积累更多具有上海特色的可持续发展教育经验。以社区教育系统为核心力量，组织社会各界开展大范围的可持续发展教育主题的交流和研讨，形成社会共识，凝聚社会共推力量。

上海可持续发展教育社区行动计划（2022—2023）优先行动领域

（一）行动领域1：社区健康教育

序号	建议主题
1	大健康观与全民基本健康知识普及
2	居家或者各类公共空间中的流行病和传染病防护
3	生活中的个人健康行为养成
4	个人及其家庭健康自我管理与规划
5	科学运动与健康
6	日常中医知识与技能运用
7	面向不同群体的生命教育
8	城市环境（建筑、绿化、气候、工作等）与健康
9	个体的公共健康职责与行动介入

（二）行动领域2：社区和谐发展

序号	建议主题
1	我与城市精神
2	志愿活动助力城市文明素养提升
3	全民数字素养升级行动
4	优秀本土文化的传承与创新、乡村文明建设、中外文化交流
5	老龄化背景下的多代共学互学与家庭和谐
6	外来务工人员的城市适应与社区融入
7	社会困难群体的教育帮扶
8	全球公民教育 / 在沪外籍人士的社区教育服务
9	韧性城市与韧性社区建设
10	五个新城 / 远郊大型社区的教育公共服务供给

（三）行动领域3：社区环境教育

序号	建议主题
1	全民科学素养大提升
2	垃圾分类行动再优化
3	国家生态文明建设成果的实践感知
4	绿色家庭 / 楼组 / 小区的共创行动
5	碳达峰碳中和常识与生活中的低碳行为养成
6	身边的水资源认识与保护行动
7	生物多样性的现实挑战与社区行动应对
8	海洋安全与海洋环境修复；海绵城市与海绵小区
9	本地气候变化及其对城市经济社会生活的影响
10	城市公园中的生态系统识别与维护

（四）行动领域4：社区职业能力

序号	建议主题
1	职工继续教育模式创新（"双元制"等）
2	区域产业发展所需人才的教育与培训
3	行业绿色技能的培训和使用
4	农村社区教育助力乡村产业振兴
5	新型农民的技能提升
6	社区困难群体、外来务工人员等的就业培训
7	社区运营、管理与服务人才培养
8	社区创新创业空间打造与人才教育帮扶

备注：以上建议主题旨在提供参考，各实施机构可根据情况设定。

概念说明

《可持续发展教育 2030》

联合国教科文组织在全球范围领导和组织的第三轮可持续发展教育行动计划，于2019年9月在联合国教科文组织第206届执委会和第40次大会上获准通过，并得到第74届联大的认可，2020年6月在德国柏林正式发布。该行动计划的基本目标是通过增强可持续发展教育，持续助力可持续发展目标的实现，建设一个更加公正、更具可持续的世界。具体目标则是将可持续发展教育和17项可持续发展目标充分融入政策、学习环境、教育工作者的能力建设、青年人的赋权与激励、地方行动这5个优先行动领域当中。

《柏林可持续发展教育宣言》

该宣言是联合国教科文组织、德国联邦教育与研究部、德国联合国教科文组织全国委员会于 2021 年 5 月共同举办的世界可持续发展教育大会的重要成果。会议在德国柏林以在线方式召开，主题是"为地球学习，为可持续发展行动"，来自全球160个国家的 2800 多名各界代表共同参与，为讨论如何更好地将可持续发展教育融入各级各类教育寻求解决方案。

可持续发展的重要能力

联合国教科文组织认为，通过教育来促进所有可持续发展目标，必须培养"可持续发展公民"。由于可持续发展问题的复杂性，他们掌握的重要能力具有跨领域特点，通常包括系统思维能力、预期能力、规范能力、战略能力、协作能力、批判思维能力、自我意识能力、综合解决问题的能力。

学习的行动与实践导向

学习目标一般有认知、技能和情感三个基本维度。联合国教科文组织的《为地球而学习》（Learn for Our Planet）调研报告发现，大多数受访者持续关注的是可持续发展问题的认知学习，缺乏对于社会情感和行动能力的关注。可持续发展要切实推进，必须落实到每个国家、每个组织、每个个体的实际行动当中。因此，必须将学习的行动要素前置，在可持续发展教育活动中，鼓励和支持各种带有行动、实践、参与导向的教学和学习方式。

附录2　联合国教科文组织可持续发展教育 2030 行动框架图 [①]

---

① 参见联合国教育、科学及文化组织官网。